戦後憲法を作った人々

日本とイタリアにおけるラディカルな民主主義

石田 憲

Ishida Ken

有志舎

戦後憲法を作った人々

――日本とイタリアにおけるラディカルな民主主義

《目次》

凡例

1 註のつけ方については以下の文献を参考にしている。The MLA Style Sheet, 2nd ed. (New York: MLA, 1970). このため、雑誌論文については「p. S. 頁」などをつけず、一般著書と区別している。

2 歴史用語として定着している表現は、いくつかの例外をのぞき「 」をつけずに表記する。引用文中、傍点は特に断りのない場合、すべて原文のもの。［ ］は引用者の補足である。

3 第五章については、丸山眞男関係文献の引用箇所を示す場合、次の略号による。

(1)『丸山眞男集』全十六巻・別巻（岩波書店、一九九六―一九九七年）――集。
例えば第一巻、二〇四―二〇五頁を、集①二〇四―二〇五頁と記す。以下同様。

(2)『丸山眞男座談』全九巻（岩波書店、一九九八年）――座談。

(3)『丸山眞男講義録』全七冊（東京大学出版会、一九九八―二〇〇〇年）――講義。

(4)『丸山眞男書簡集』全五巻（みすず書房、二〇〇三―二〇〇四年）――書簡。

(5) 丸山眞男『自己内対話――3冊のノートから』（みすず書房、一九九八年）――自己内対話。

(6) 丸山眞男手帖の会編『丸山眞男話文集』（みすず書房、二〇〇八―二〇〇九年）――話文。

(7) 松沢弘陽、植手通有編『丸山眞男回顧談』上下（岩波書店、二〇〇六年）――回顧。

第一章　序論――日本・イタリアの憲法制定とラディカルな民主主義者たち

憲法改正の議論が出る度に、いつも気になるのは、どのようにして戦後憲法が作られたのかを、ほとんど顧みずに、単純な「押しつけ論」が繰り返されることである。あるいは、自分たちに都合のよい部分のみを他国と比べて、日本では戦後一度も改正が行なわれてこなかったことを不自然と断じる主張が顕在化する。もし憲法の基本理念に関わる改正を志向するのなら、少なくともその憲法が制定された経緯を理解した上で、変える議論に臨むべきではないのか。歴史と比較を中心に考えてきた政治学研究者から見ると当たり前に思える指摘が驚くほどなされてこなかった気がしてならない。このため、本書は戦後憲法の生成過程を戦前にさかのぼって、その起源や経緯から説いて起こし、イタリアと対比することで日本の特徴や共通要素を抽出していきたい。また、新憲法と戦後民主主義の展開は表裏一体になっており、双方を意識しながら叙述するのが肝要となろう。

本書で取りあげる人々の大半は、条文を起草したという意味で憲法を作ったわけではないが、「非専門家」でありながら、憲法の方向性を示す重要なコミュニケーターとなった。加えて、当時の政治における中心人物ではなかった民主主義者に注目することは、上意下達型の憲法制定史とは異なる像を描く端緒となろう。近年の傾向では、政治論議に具体的な「代案」を求める流れが目立つが、本書の主たる登場人物たちは長期的な視野から、憲法の理念を戦後民主主義のあり方として提示したのである。時の政治的風向きに左右される「代案」はいつの時代でも刹那的になりやすい反面、理想に基づき現実をそれに近づけようとする営為は、真の代案につながるかも知れない。理念の論理的詰めが問われる憲法論議だけに、その思想、運動、制度の形成史を他国とも比較しつつ考えることの意味が存在する。

それでは、研究の文脈から考えた場合、憲法と民主主義を歴史と比較の視座から論じる意義はどこにあるのか。時間という縦軸で同じ国、地域の変遷をたどる歴史研究は、断絶・連続性を位置づける意味で妥当な方法と捉えられてきた。にも拘わらず、戦後の新憲法制定を政治史的に検討する著作は少なく、日本の場合でも思想史、占領史の一部として扱われやすかった。他方、空間という横軸で異なる歴史、文化に根ざす国々を対照する議論は、比較の基準を問われていく。しかし、統一基準が確立されていないとしても、他者に自らの似姿を発見することは、偶然の一致ではない普遍性に気づかされる。そして、共通要素の中から相違点が浮き彫りとなり、独自の特徴を見いだせよう。

とりわけ近代憲法の導入以来、日本は欧米諸国と立憲主義を共有し、民主主義という普遍的価値を目指し戦後の歩みを続けてきたはずである。さりながら従来、英米仏独といった「大国」との制度論的比較に関心が集中し、イタリアを日本と比べて過程論的に分析する文献はほとんど存在しなかった。実際には、比較の対象として何度も取りあげられてきたドイツ以上に、イタリアと日本の間には多くの類似性が見られる。このため本書は、高野岩三郎とウンベルト・テッラチーニという二人のラディカルな民主主義者に注目しながら、日伊両国が前体制を克服する新憲法へ向かう思想・運動・政治的ダイナミズムを考察していく。[*1]

ここで述べた「ラディカルな民主主義」とは、暴力的な革命による体制転覆ではなく、新憲法制定という民主的手続きを通じた前体制からの政治的転換を指す。その場合、公表された形の憲法に対するもっともラディカルな提言は、日本の憲法研究会、イタリア共産党によるものと考えられやすい。たしかに、前者の文脈がGHQ草案の引証基準にされたり、後者の主張がイタリア共和国憲法に社会主義的性格を付与したことは明らかである。そうした集団の中でも、たとえば憲法研究会メンバーにおける唯一の憲法学者、鈴木安蔵やイタリア共産党指導者、パルミーロ・

トリアッティと対比して、高野岩三郎とウンベルト・テッラチーニはさらに民主主義的と捉えられる。高野とテッラチーニは、それぞれ所属する憲法研究会とイタリア共産党の議論を尊重しつつ、ときに明確な異論も唱え、個人として一層ラディカルな地平を求めた。この点、鈴木とトリアッティが終始、所属集団における主流派の意向に忠実であったのと好対照をなしている。

すなわち、第三章で取りあげる高野は憲法研究会の象徴天皇制に代わる共和制を、第四章で取りあげるテッラチーニは共産党の民主集中制に代わる主体的市民による自治を、ほかの所属メンバーとの対立も厭わず提唱したからである。二人を介して日伊両国における憲法と民主主義の問題を理解し直すことは、戦後新体制の形成プロセスを検討する貴重な指針となろう。二人が左派を代表するラディカルな民主主義者とすれば、非マルキストの戦後知識人として丸山眞男を補論で論じることは有意義と考えられる。第五章では、戦後啓蒙の旗手と謳われた丸山をイタリア反ファシズム運動の先達「正義と自由（Giustizia e Libertà）」グループと対比することで、転換期における新たな民主主義の動向を素描したい。

高野とテッラチーニが注目に値するのは、彼らの築いた民主主義を希求するネットワークが、リベラルや保守をも包含する広い素地に基づいていていたためである。両者が構成していた左派の人脈は抑圧に抵抗する凝集力を高めるため、ときに異論者を排除し、内部対立を深めやすかっ

写真２：ウンベルト・テッラチーニ

写真１：高野岩三郎

写真３：丸山眞男

た。一方、戦前から高野とテッラチーニは、自ら弾圧や排斥も経験しながら、相違する意見への寛容さを失わなかった。反面、彼らの包容力がかえって仇となって、二人の人的系譜は「左派」から見れば「修正主義」や「反共主義」に転じた「右派」の拠点で、本来の「右派」から見れば「赤い過激主義者」の巣窟と警戒される。両者の立ち位置こそ政治史的に重要な役割を果たしていたにも拘わらず、戦後民主主義の形成過程をめぐり左右双方から言及されてこなかったのは、逆説的ながら彼らのイデオロギー的柔軟性に起因していたとも考えられる。

加えて、憲法制定史という視座からも、彼らの意味づけは希薄になりがちであった。鈴木安蔵が憲法制定後も憲法について多くの著作を残したのに比べ、一九四九年には死去してしまう高野が憲法そのものを論じる機会はわずかとなる。トリアッティは憲法委員会第一小委員会で基本原則の合意に深く関わった反面、テッラチーニは制憲議会議長に就任以降、公正中立の姿勢を保とうとするため、自らの意見表明を抑制していった。高野とテッラチーニが起草の最終段階に直接関与できなかった事実は、彼らの構想が与えた政治的インパクトを過小評価させてきた。しかし、民主的な憲法制定プロセス上、彼らがリベラル・保守層からも信頼を得て、ラディカルな改革に臨んだ意味は無視できない。注目すべきなのは、以上の「活動家」四人いずれもが、戦前に革命志向の左翼過激派として監視され続けながら、戦後は憲法制定の主要アクターとなっていった点である。逆に、補論で取りあげる丸山の方が、一九四〇年代後半はとりわけ憲法や制度的民主主義以上に運動への関心を高めている。

高野とテッラチーニは、具体的な起草作業に携わらなかったとしても、日伊両国において憲法学者、政権担当者といった「専門家」に属しない人間が、憲法の基本理念策定に多大な影響をおよぼした稀有な例と位置づけられる。さらに両者は、戦前から労働運動と密接な関係をもち、法律・政治学者たちより自国における社会・経済の構造的矛盾をはるかに理解し、憲法制定という形でその解決を試みた。イタリア共産党指導者としてトリアッティがモスクワへの従属状態から抜け出せなかったり、当時若くして獄中にあった鈴木のように人的ネットワークが欠けていた場合と異なり、高野とテッラチーニは、政党や特定集団のみに依存せず、個人のイニシアティヴで戦争直後から保守、リベラルもふくめた改革者のネットワークを糾合できたのである。

しかも、高野はもっとも熱心な憲法研究会参加者であっただけでなく、戦後初代日本放送協会（ＮＨＫ）会長として憲法の普及に腐心する。テッラチーニは、各条項の実質的内容を実現すべく、戦後民主主義のあくなき追求者となっていく。また高野とテッラチーニは、時代に流されない普遍的一貫性、社会的変化への対応といった、ときに相反する二つの方向に留意しつつ、できる限り市民に見える形で憲法と政治の議論を提起した。そして彼らは、戦前における日伊両国の構造的問題や、抑圧体制に共通する桎梏を解決する決定的要素として、憲法と民主主義を早くから重視している。高野とテッラチーニは、彼らのネットワークに関係した人々とともに、前体制下で発言の機会を奪われ弾圧を受けたが、他者との対話、協力により自らの信念を貫き、民主的手続きを通じた新憲法の実現へとつなげていった。すなわち、両者の憲法に対する思想・運動・政治的取り組みは、すでに戦前から始まり、制定後の活動にも結びついていたのである。

以上の二人に重なる特徴として注目されるのは、多様な人々を巻き込んだオーガナイザーとしての資質と、異論を唱えつつ反対者も包含していくコミュニケーターとしての能力であろう。それらは既成組織のみに頼らず、自由なネットワークの形式によって展開されたところに、新たな民主主義の可能性も示唆している。補論で論じる丸山と「正義と自由」グループの知識人たちが、政治的な組織化には長けていなかった一方で、思想的独創性に優れ、啓蒙的コミュニケーターの役割を果たしていたのと対照的といえよう。無論、高野とテッラチーニの場合、前体制を克服する戦後憲法の枠組み作りに関わっていただけに、それらの具体的な検証が一層重要となる。

それぞれの特質を際立たせる意味でも、第二章では日伊両国における戦前の体制がどのような問題に直面し、高野とテッラチーニがそれらと如何に対峙していったかを、個人、構造、過程それぞれに着目して論じる。さらに第三章では立憲民主主義の知的オーガナイザー高野岩三郎、第四章では民主共和国の孤独な判走者ウンベルト・テッラチーニ、第五章ではラディカル・デモクラットとしての丸山眞男と「正義と自由」グループを個々に取りあげていく。そして、日伊両国が新たな民主主義を憲法制定と並行して模索し続けていった経緯について、その積極的担い手たちの動向とともに分析していきたい。なお、憲法制定史に強い関心のある読者は、第三、四章から見ていくことが可能で、日本とイタリアの類似・相違点に興味を抱けば、第二、五章から読むのも一つの方法である。各章はいずれも独立性が高い反面、日伊両国における戦後憲法と民主主義の多様な歴史的展開を投影した構成になっている。

第二章　日伊両国に見る新憲法制定と民主主義を希求するダイナミズム

本章は、戦前から続く日伊両国の構造的な共通点を確認した後、新憲法の制定過程を、とりわけ民主的選択と社会的諸権利の保障に着目しつつ分析する。それらは、高野とテッラチーニがこだわり続けたテーマであり、敗戦を契機として日伊両国が直面した課題と考えられるからである。そのうえで、両者が戦前の体制に対する抵抗の諸要件をほかの人々と共有し、そのネットワークが戦後の憲法と民主主義を先導していったところに焦点をおいていく。これは「戦後憲法を作った人々」のタイトル通り、高野とテッラチーニ個人の事績に留まらず、複数主体の織りなす多様な主体的市民のネットワークが、両者の政治・社会的行動および民主主義の思想を支えていたことを意味する。その文脈からいえば、第五章補論の知識人による運動を志向したラディカル・デモクラットたちも、直接憲法制定に関わっていない場合でも、抑圧的な前体制を根本的に克服する方向性で合致していた。実際、彼らが目指した理想と同様、その実現プロセス自体に戦前の軍国主義、ファシズムを乗り越えようとする強い意志が投影されていたといえよう。なお、高野とテッラチーニの具体的主張が憲法の各条文にどのような影響を与えていったかについては、第三章と第四章にそれぞれ譲りたい。以下、まず日伊両国の直面していた構造的問題と彼らが模索した解決の方法について検討していく。

1　日伊両国における近代以降の構造的問題

(1)　国民国家形成と「貧者」の帝国主義

日本とイタリアは、それぞれ明治維新とリソルジメントの統一戦争を経て、いずれも一九世紀後半に近代国民国家を形成すべく邁進していく。日伊両国の国家建設は、植民地獲得と並行して進み、後発帝国主義国独自の流れをたどった。すなわち、日本のナショナリズムが、幕末期の尊王攘夷から明治期の富国強兵へと政治的に転換された如く、イタリアにおけるリソルジメントの愛国主義も、国家の権威発揚に利用され、海外膨張の論理へと読みかえられた。両国の植民地主義は、経済的合理性に基づき構成されたというより、国内の不満を海外にそらす内政的動機から生まれた色彩が強かった。不平士族のはけ口となった征韓論に見られる無謀な対外膨張の主張は、イタリアにおいても隣接する「未回収」領土の代替物として植民地獲得が論じられたのと対をなす。しかも、日本がアジア諸国における近代化の旗手として膨張を正当化していったのと類似して、イタリアでは植民地支配を「福祉と文明の道具」と称してエリトリア、リビア、エチオピアへの「進出」をもくろんでいく。一方で膨張先を教化する対象と見なしながら、相手が訓導を拒否する自由には一切耳を傾けない発想法は、日伊両国に共通する特徴となる。こうした帝国主義一般が有する独善性は、戦争をともなう国民国家形成と連動して、内外に対し不寛容で暴力的な環境を醸成しながら非民主的体制の基礎を準備した。[*2]

日伊両国とも、統一国家体制の確立と近代化が同時に希求され始めると、農業中心の産業構造は転換が図られていく。これと軌を一にして、工業化にともなう農村地域の疲弊、社会運動の勃興が下から湧き出す帝国主義の気運も高めている。しかし、植民地の実態は現地、本国双方に全般的な利益をもたらさず、社会・経済政策の意味でも行き詰まりが目立った。さらに、増幅された国内矛盾が海外の「王道楽土」建設を促進した点で、後発帝国主義国に特有な治安最優先の志向が見受けられる。日伊両国はともに、性急な植民地獲得を追い求めたため、二〇世紀初頭から最新の軍事技術を駆使した現地住民の殺傷、膨張戦争を強行した。イタリアのリビアに対する「平定作戦」は、朝鮮半島の民衆運動に対する虐殺ともいえる鎮圧政策と同じ傾向を示している。また一九三〇年代の日本は、台湾で武装蜂起への毒ガス攻撃を試み、中国各地では「三光作戦」の遂行にともない、積極的な毒ガス・細菌の使用にまで踏み込んでいく。これと同様に、イタリアはリビアで大量の死者を出す強制収容所建設、エチオピアにおける毒ガスの継続的使用など、苛烈な軍事行動を繰り返した。国外での徹底した暴力の行使は、国内でも反政府的言動への弾圧を深め、戦前の体制における強制的同質化は一層激しくなった。[*3]

日伊両国の近代国民国家形成期における重要な共通点は、国内の社会経済的矛盾を対外膨張へ転化させ、多くの国民が抑圧委譲に加担し、しかもそれが戦争という形で遂行されたことである。ただし、日清・日露戦争に象徴される日本の「勝利」が軍部を政策決定の有力な主体に押し上げたのに対し、一九世紀末のイタリアではエチオピアにおける二度の敗退が軍の威信を失墜させており、大きな違いを示している。これが、第一次世界大戦後のイタリアにおけるファシズム運動の勃興と、満州事変へ至る日本軍部の台頭という相違につながっていった。遅れてきた帝国主義国は植民地の分け前に与れないため、満たされないナショナリズムが、さらなる膨張を誘発させる。実際、日伊両国は乏しい資源、枯渇する市場、困窮する過剰人口に対する処方箋を求めて、先発帝国主義国に「陽の当たる場所」奪取の「権利」を強引に主張し、周辺国を侵略していった。

こうした流れに抵抗する国内の動きは、それぞれ軍国主義とファシズムの強権的な体制により押しつぶされ、本書の主人公である高野岩三郎とウンベルト・テッラチーニも、彼らの友人たちや補論で登場する民主主義者たちとともに、体制が抑圧すべき「危険人物」として監視され続けた。次項では、第二次世界大戦を導いたこれら政治体制の構造と、その崩壊の過程を簡単に概観する。

(2) 敗戦をめぐる政体選択の可能性

戦間期におけるドイツと日伊両国を隔てるもっとも大きな政治構造上の相違点は、共和制へ移行したか否かにある。憲法の文言から日本とイタリアでは、統帥権がそれぞれ天皇、国王に属しており、開戦、終戦についても「神聖にして侵すべからず」とされた国家元首の判断を必要としていた。このため、日伊両国が第二次世界大戦に参加した責任は、それぞれ軍国支配者と独裁者ムッソリーニだけに帰せしめられず、本来なら天皇と国王個人、もしくは天皇制と君主制という政体そのものが問われなければならなかった。[*4]

ところが、この問題に関して日本の為政者、知識人のほとんどは、天皇の政治的責任をまともに議論しなかった。これと対照的に、イタリアのレジスタンスに加わり戦後の主要な政党の指導層となった人々は、その大半が君主制自体に否定的態度を示していた。ただし、イタリアの旧体制に属する自由主義期からの政治指導者たちは、日本の政治家たちとほとんど変わらず、戦争より革命を恐れていた。公然と彼らは連合国側との交渉において、イタリア人民には共和制などは適さず、戦前からの憲法を改正する必要もないと語っていた。一九四三年七月の宮廷クーデターでムッソリーニを政権の座から追い落とした国王と側近たちは、九月にはドイツ軍と戦う意志さえ示さないまま、ローマ市民を捨ててブリンディジまで落ちのびたため、国民の失望を招き、君主制維持派は苦境に立たされていく。日本でも、一九四五年二月に近衛文麿が提出した上奏文は、イタリアの状況を引証しながら、戦争の継続が共産主義革命の発生を引き起こすと危惧する内容になっており、宮廷周辺の基本的認識に大差はない。また、ムッソリーニ逮捕直後の国王ヴィットーリオ・エマヌエーレ三世がドイツに敵対せず、戦況によっては休戦もあいまいなままにしておくという態度をとった如く、昭和天皇も近衛上奏文に対して、もう一度戦果をあげてから考えたいという優柔不断な姿勢を崩さなかった。[*5]

君主本人や宮廷周辺の側近たちが相似た対応に帰着するのは当然としても、日本の場合、戦後最初に選出された議員の大多数が国体護持に走ったのは何故だろうか。独伊両国と日本の敗戦過程を決定的に分けたのは、本土における熾烈な地上戦の有無である。ドイツでは、首都ベルリンの陥落まで国内の主要地域は戦火に巻き込まれ、住民の約半数は難民化した。イタリアでは、君主主義者が逃亡先で立ち上げた南部王国、ドイツ軍による傀儡政権のイタリア社会共和国、パルチザンの自治的な解放区という鼎立状態の中、イタリア人同士も殺し合う事実上の内戦が繰り広げられる。日本は沖縄戦をのぞき、原爆投下もふくめ空襲以外の戦場体験を本土住民が被ることはなかった。もし日本が本土決戦を敢行し、昭和天皇が東京から松代大本営へ敗走していたとすれば、天皇制に関する議論も様相を大きく変えたかも知れない。反実仮想を別にしても日伊両国は、国王大権の強い立憲君主制という類似した戦前の政治構造を擁しながら、敗戦から新憲法へ至る経緯においては、まったく異なる歩みをたどっていく。[*6]

ヴィットーリオ・エマヌエーレ三世は、無任所大臣のベネデット・クローチェから皇太子への譲位を進言され、自らの退位と引き換えに王制の存続を図るが、明治憲法と同様に欽定で一度も改正されなかったアルベルト憲法の失効を食い止められなかった。他方、昭和天皇の側近、木戸幸一は当初、天皇制廃止につながるとして、天皇の譲位に反対したが、天皇の戦争責任をめぐり国体護持のためにも退位を勧めるようになる。しかし、当時の為政者として木戸はむしろ例外に属し、ほとんどの政治指導者は明治憲法の改正についても、真摯な反応を示さなかった。[*7] さらに、日伊両国の間で生じた大きな違いは、政体について国民の意志を問うたかどうかである。イタリアでは、レジスタンスを構成した諸政党が君主主義者もふくめた反ファシスト統一戦線形成に成功したが、君主制か共和制かを審判する国民投票と制憲議会選挙の同日実施が決まると、政体問題は再燃し、とりわけファシズム体制を容認した国王の去就をめぐり、保守層の悩みは深かった。ここで興味深いのは、キリスト教民主党のみならず王党派さえ、社会的公正の実現を前面に打ち出した選挙戦を展開せざるを得ず、社会権を重視する憲法の端緒が見いだされる点であろう。その前の段階から、左派の優勢を懸念する英米両国は選挙実施の遅延を画策していたが、一九四六年六月二日に投票が行なわれ、約二〇〇万票の差で共和制が選択された。これと対照的に、そもそも日本政府は天皇制の可否を日本国民に問いかけるという発想自体を欠いていた。GHQ側は、自らの草案を提示した際も、内閣が受容しなければ直接国民に草案を公表し、その制定を付託するとまで述べている。逆に、東京裁判における天皇の免訴を至上命題とする閣僚たちは、一般の人々が政体問題を論じる機会の提供さえ拒絶し、国体護持を最優先とする憲法改正の早期実現に向け、むしろGHQや天皇の権威を利用した。[*8]

宮廷クーデターによる戦争推進勢力の解体が起きず、退位もなく、国民に天皇制の正当性すら問わなかった日本の状況は、国体の根強さをその理由として説明するだけでは不十分といえよう。これを検証する意味でも、共和制を明確に憲法私案に反映させた高野岩三郎の特異性は注目に値する。日本の政治構造における最大の課題を浮き彫りにさせた彼の軌跡は、戦前から続く社会経済構造の矛盾と対峙し続けた経歴と密接に関わっていた。他方、前体制との対決を貫いていたイタリア共産党はパルチザンの中心を占め、共和制創設の最大功労者と位置づけられても不思議はなかった。しかし、党内の民主集中制が多様性を排除したり、硬直的な経済構造決定論が民衆生活の現実と乖離する事態が深刻となり、新しい憲法と社会・経済・政治構造改革との整合性を問われることになる。ウンベルト・テッラチーニはイタリア共産党の創設メンバーでありながら、戦前から「スターリン主義」を批判し、除名の憂き目にあっても公正と平等、民主主義を新憲法の文脈で実現させるべく、その思想と行動を深化させていった。両者に符合する堅固な構造的要因に対する弛まぬ闘いが、憲法と民主主義を主軸として展開されたのは偶然ではない。二人が暴力によらない民主的方法を駆使した社会変革の方向へ舵をきったのが、逆説的ながら戦争と弾圧という暴力と非民主的体制の時代であった事実こそ、重視すべき共通点と考えられる。次節では、高野とテッラチーニに焦点を絞り、さらなる類似性と彼らの特徴を分析する。

2　高野岩三郎とウンベルト・テッラチーニの新憲法への道程

(1)　社会的諸権利と民主主義追求の条件

高野岩三郎とウンベルト・テッラチーニの個人データを精査すると、三つの目立った共通点に気づかされる。第一は、早い時期に父親を亡くし、経済的に苦しい生活を強いられながら大学まで進み、専門知識に基づく社会的活動へ参画していった点である。高野は社会統計学を専攻し、労働者の生活実態調査へと進み、これが労働運動との接点となる。テッラチーニは反戦主義から労働運動に参加し、法学部卒業後、弁護士事務所でも活動を続けていく。高野が研究者として大学に残り、テッラチーニは活動家となった経歴の差は大きいが、高野は東京大学経済学部の創設を成し遂げ、テッラチーニは社会党から転じて共産党の指導部へ若くして入っていくほど、二人には若い頃から政治・行政的手腕が備わっていた。なかんずく両者は、オーガナイザーとして有能なだけでなく、弱い立場にある人々の視点も兼ねそなえ、社会的諸権利の尊重を謳い、真に民主的な制度の必要性を理解していたのである。[*9]

第二は、進学を通じて知り合った当時の知的エリートたちと密接なネットワークを形成した点があげられる。高野の東大同期であった幣原喜重郎との交流は、戦後最初のＮＨＫ会長に高野を就任させる遠因となった。テッラチーニの人的関係は、若い頃からタスカ、グラムシ、トリアッティなどの共産党員となる「同志」たちに留まらず、自由党のエイナウディまで、党派横断的な交流を続けていく。高野とテッラチーニは、さらに多くの活動家たちともネットワークを築き、イデオロギーに偏重せず、自律した個人の信頼関係を結びつきの基本としていった。しかも、両者は開放的なパーソナリティを保ちつつ、自らを律して謹厳で誠実な姿勢を崩さなかった。同じく、意見の相違に対して寛容で多様性を認めながら、本質的な部分は決して譲らないところも二人の類似点である。このため、両者は社会の同調圧力に屈せず、初志を貫く頑強さが身上で、その気高さから貴族的とさえ見られる場合もあった。しかも、「左翼」に位置づけられながら、民主主義に不可欠な異論者を許容する度量が、高野とテッラチーニの本領であり、教条主義にとらわれなかった点も見逃せない[*10]。

第三に、両者の国際的つながりと視野の広さは、同時代のほかの知識人に比して際立っていた。高野とテッラチーニの接点も実は存在し、片山潜が両者共通の知り合いであった。テッラチーニがモスクワで宿泊していたホテル・ルックスに、高野は一九二七年、片山を訪ねており、当時の左派系ネットワークの密接さをうかがい知ることができる。高野はドイツ滞在が長かっただけでなく、国際労働会議への労働代表派遣問題では自ら代表を一旦引き受け、火中の栗を拾う役割さえ演じている。加えて、彼が所長を務めた大原社会問題研究所では『日本労働年鑑』の英文版を作成し、欧米の大学へ送付するという試みもなされていた。テッラチーニは、第三インターナショナル（以下、コミンテルン）事務局のラテン部門で働いた経験を有し、各国の共産党員と知己を得ていた。さらに、獄中で健康を害した折には、より広い人脈から国際的救援活動が展開されている。また、後に共産党を除名されたテッラチーニへ手をさしのべた人々の中には、スイスの旧共産党員などもふくまれていた。加えて、高野夫人カロリナは彼の留学中に知り合い結婚したが、戦時期には「友邦」のドイツ人でも困難が多く、超国家主義の排外意識に虐げられた。他方、テッラチーニの妻アルマ・レックスはロシア人故に、ソ連のスパイ扱いされただけでなく、彼女自身も帰国を余儀なくされた際、本国で秘密警察の監視下におかれていく。高野とテッラチーニは、ともに国際的社会主義運動の一員すなわち「アカの手先」と見なされ、当時の体制から執拗に弾圧されていった。それでも彼らは、世界に開かれた知見の豊かさを背景として、強大な権力側の本質も冷静かつ相対的に位置づけられたといえよう。当時においては、社会的諸権利の希求自体が「アカ」の烙印を押されがちで、その結果、高野は社会民主主義者、テッラチーニは共産党員として戦前、戦中を歩んでいった側面も否定できない。[*11]

以上の三つの共通点は、高野とテッラチーニがそれぞれ軍国主義、ファシズムの体制下におかれても、民主主義を追い求め続けられた基本要因であったと理解できる。彼らの強固な思想と他者に対する柔軟性は、逆境にあっても連帯できるネットワークを維持しつつ、民主主義という大同団結が可能な普遍的目標へ向かわしめた。他方、両者と第五章で論じる丸山を対比すると、知的エリートのネットワークという第二の点が唯一共通する特徴と考えられる。高野とテッラチーニが戦前から活動を始めていたという世代の差も大きいが、とりわけ左派の国際的ミリューの存在は、彼ら二人の基盤形成に強い影響力を有したといえよう。次項では、彼らの理想がどのような形で憲法に反映されていったかを、再度共通点に注目しながら論じていきたい。

(2) 新憲法による戦後体制の模索

高野とテッラチーニは、戦前の体制から「過激で危険な社会主義者」と位置づけられ、彼らの主張内容自体はまったく公に討議できぬまま、言論が封じられていく。テッラチーニは、身体の自由さえ獄中で一七年以上奪われ、高野も愛弟子、友人たちが検束されていった。こうした事情から、彼らが憲法に盛り込もうとした市民的諸権利は、まず「ブルジョア的自由権」に関わる事項が多かった。高野は拷問の禁止、テッラチーニは一五年を越える自由剥奪刑の禁止など、司法・警察の一方的権力行使を抑制すべく、次々と提案を行なっている。それらは、高野の無罪判決に際しての国家補償、検事総長公選や、テッラチーニの司法行政、重罪裁判所への市民参加といった、一般の人々が司法を主体的に監視するシステムの形成にまで踏み込んでいく。言論・出版・学問の自由を明記するだけに留まらず、制度的な権利保障と権力の抑制にまで言及していくところが、高野とテッラチーニらしい独自の共通性と考えられる。[*12]

それでは、高野とテッラチーニが本来、戦前から明示していた「社会主義的」要求とは、いかなるものであったのか。今日から見れば、労働三権に反映されている程度の内容さえ、当時は労働者の争乱を扇動する言動として警戒され、禁圧の対象になっていた。戦後、保守派の抵抗を退け、日伊両国の憲法に労働者の諸権利が明記された経緯も、高野とテッラチーニの尽力を抜きには語れない。また、一般的に社会主義政策の嚆矢と見なされやすい「国有化」は、日伊両国の戦時体制がある部分すでに実行しており、戦後の保守政権も踏襲をしていた。むしろ国家主導の計画経済のみを万能薬と認識しない高野とテッラチーニは、実際に生活する人々の社会経済状況を直視し、劣悪な環境におかれた労働者の条件改善を重視した。戦前の圧倒的な国家主義に対する反省から、二人は革命をテコとする経済構造の急激な再編より、問題の段階的解決をさぐる路線へ傾斜していく。故に、弱者の具体的な権利擁護のため、対決姿勢をとる事態が生じても、暴力的な直接行動を単純に推奨せず、憲法や議会に基づく改革が強調された。加えて、高野とテッラチーニは「味方」とも論争を厭わず、逆に「敵」が耳を傾けようとする限り交渉と説得を続けており、この意味でも両者の方法は符合している。結局、テッラチーニの提起したストライキ権や企業管理参加権、高野の主張した土地、生産手段の国有化は、それぞれの憲法において彼らの意図した形で明記されなかったものの、社会経済構造の修正を憲法上要求する一石となった。*13

最後に、二人が目指した政治構造の根本的改変案を概観すると、やはり両者に共通する人民主権の徹底という立場が浮き彫りとなる。高野は明治天皇に対する敬愛の情を隠さなかったが、天皇制を民主主義の桎梏と唱える、日本では稀有の共和主義者であった。テッラチーニは、リソルジメント前の分裂国家状態や地方ボスの跳梁に鑑み、連邦主義に消極的であったが、獄中生活を通じて住民の主体的政治参加を尊重する方向に転じ、憲法への導入も検討していく。ここでも二人は類似の対応力を発揮し、教条主義に陥らない柔軟な改革を推進した。高野は、憲法研究会の草案が象徴天皇制を採用したことを全面否定せず、議論を尽くしたうえで、研究会とは別に私案として共和制の憲法草案を公表した。テッラチーニは、当初彼と意見を異にしたヨーロッパ連邦運動、連邦・自治思想に学び、共産党の陥りがちな中央集権主義、上意下達システムからの脱却を図っていく。高野とテッラチーニは当時の政治状況から、自分たちの政治構造に関する提案が憲法として採用されにくいと自覚していたが、信頼する同志ともあえて対立する意見を公論の場で開陳し、市民の積極的参加に期待をかけた。すなわち、二人に通底する民主主義像は、その構想内容だけでなく、それを主張する過程にもはっきり反映されたのである。そして、議会が可決した新憲法については、自分たちの目標が達成されなかった部分も多かったにせよ、政治・社会を刷新するに足るものと判断し、その普及と実現に邁進していった。[*14]

これまで論じてきた日伊両国と二人のラディカルな民主主義者の共通性から、三つの問題が浮き彫りとなる。第一に主体的個人と変革のネットワークの問題、第二に社会経済構造と民主的抵抗の問題、第三は政治過程における普遍性と特殊性の問題である。これらは相互に関連しており峻別すること自体難しいが、分析の方法もふくめ示唆する事柄が多い。以下、三つの問題をめぐる両者の類似したスタンスのみならず、憲法と政治の接点について考察していきたい。

第一に、高野とテッラチーニがともに有していた客観的公正さ、相違を認める寛容な態度、国際的視野に裏づけられた冷静な判断力といった個人的資質は、日伊両国の暗黒時代における変革のネットワーク構築に寄与した。多様な意見を相互に交換できる新しい社会の創設は、民主主義への一つの道程として、沈黙を強いられた人々の将来に向けた希望となる。また、戦前の抑圧体制から解放されると、二人はただちに積極的な活動を展開し、新憲法への働きかけを公的空間で実践していった。人権の尊重と権力の監視を制度的に実現し、平等と参加を人々の権利として提起しながら、人民による新たな政治体制の確立に倦むところがなかった。無論、高野とテッラチーニだけが新憲法の実現に貢献したわけではなく、彼らの見解を広めていく諸個人間のつながりが重要で、その思想内容は憲法の基本理念へと収斂していく。日伊両国の政治・社会・経済構造の根本は、簡単には変わらなかったものの、憲法を軸として大きな転換が図られたことは疑いない。これら変革のネットワークにおける中心となった二人の共通点、相違点に学ぶ意味は、今日も失われていないはずである。この点、第五章で論じる丸山と「正義と自由」グループは、実践面では知識人の活動に特化する傾向を有し、二人が目指した社会改良の具体化と微妙な差異もあったが、抑圧されてきた人々が主体的な政治参加を果たすという目標において一致していた。こうした民主的磁場のダイナミズムに注目すれば、日伊両国の違いに起因する両者の差異も確認でき、日本とイタリアの新憲法と戦後民主主義を政治史的に比較する契機となろう。

第二に、日伊両国が一九世紀後半から対外膨張と抑圧体制を強めてきた流れに抗して、テッラチーニと高野が戦争に反対し、市民的諸権利を擁護するのみならず、社会経済構造の制度的変革を積極的に提起した意義は大きい。とりわけ後発帝国主義国の共有する問題について二人が相似た対応を示し、しかも敗戦の機を逃さず、政体の変革もふくむ憲法上の刷新を目指した姿勢は特筆に値する。それでも彼らは、前体制のもたらしたすべての弊害を一挙に変えられないと自覚し、新憲法を通じた具体的な構造改革に期待を寄せた。別の視角から見れば、厳しい同調圧力が加えられた戦前の状況下で、なぜ高野とテッラチーニはコンフォーミズムと対決できたのか、という問いも生じる。これには表裏一体となった回答が可能となる。すなわち彼らにとっては、強権的政府に対してであれ、「身内集団」に対してであれ、安易な妥協が民主主義に反するという信念が、体制からの弾圧や同志間の順応主義にさえ動じない土台を作り出していた。反面、二人は他者の見解に耳を傾けるだけでなく自ら軌道修正に応じており、物事を相対的に捉える態度こそ、高野とテッラチーニを理解する鍵となる。そして、彼らが体現した抵抗の方向性自体が、日伊両国における構造的変化を測る座標軸の一つとなり、憲法と民主主義を新たに生み出す基礎と位置づけられるはずである。戦後の新たな憲法体制確立には、後述する丸山などの試みに見られたような広い社会層へ呼びかける発想が問われていた。

第三に、新憲法を通じた前体制の克服は、政治過程から考察しても、普遍性と特殊性に関わる貴重な論点をふくんでいる。ただし、権力中枢だけに関心が偏ると、高野とテッラチーニのような存在は、当時の日伊両国における「アカ」、異端児、逸脱者として無視されやすい。さりながら、歴史と比較の視座から長いスパンで両者の思想、行動を論究すれば、彼らが少数者と見なされた事実は、むしろ先駆者としての性格を顕在化させる。しかも、二人の主張には反対者をも承諾させる説得力があっただけでなく、コミュニケーターとしての彼らは、異論を排除しなかった帰結として、敗戦という一大転機に日伊両国の構造的問題と対決する改革勢力を糾合できた。とくに文化・歴史的特殊性が強調されやすい日本やイタリアの場合、民主主義、社会主義といった普遍性の高いイデオロギーの果たした役割は大きい。また、同じく普遍的性格の強い新憲法制定を通じて、特殊な政治構造の変容に着目していけば、戦争直後の解放期を大きな全体像の中で描けるのではないだろうか。実際、高野とテッラチーニを取りあげても、単なる伝記叙述に終わらせないためには、彼らを軸としつつ、旧体制崩壊から新体制構築のダイナミズムをその過程分析に取り込む必要がある。加えて、戦後の日伊両国を政治的に規定していく憲法と民主主義を、第五章で論じる多様な知識人たちとの比較から相対的に捉え直せれば、憲法制定の政治史における普遍性と特殊性を再考する一例となろう。

以上のような個人、構造、過程それぞれに注目しながら、日伊両国の共通点と相違点、両国の民主主義、憲法の位置づけ、さらには体制転換の動態的経過を、同じ対象から導き出せる人物は、高野岩三郎とウンベルト・テッラチーニ以外に考えられないかも知れない。それは、民主主義における憲法の制度構築機能や、少数派の創造的役割を再考していく今日的問題とも直結している。たしかに彼らは、思想的独創性やカリスマ的政治指導とほぼ無縁だが、民主主義における政治のあり方、理念の実現に向かうプロセスを重視する貴重な人物であったことは間違いない。戦前・戦中においては強いられた孤立状況におかれていた二人ながら、高野とテッラチーニのコミュニケーター、オーガナイザーとしての優れた資質は、まさに官僚的ではない、自由意志を基盤とするネットワークの形成に発揮されていった。その多様な人的つながりが彼らの意見に包容力と普遍性を付加し、権力中枢から遠くとも政治的影響を与え続けたのである。次章より、頑固で一貫して不正と対峙する反面、柔軟で寛容な姿勢を併せもつ高野とテッラチーニ、そして彼らと連動するようにラディカルな民主主義を模索した丸山と「正義と自由」グループの足跡を追ってみたい。

第三章　立憲民主主義の知的オーガナイザー
――高野岩三郎のラディカルな憲法構想に向かうネットワーク

　高野岩三郎は地味な人物である。彼は大杉栄のように革命思想・運動の第一線で華々しく活躍したわけではないし、吉野作造のように大正デモクラシーの精神を代表する言論活動を展開したわけでもない。しかし、彼と関係をもった人々は自由なネットワークを形成しながら、当時の日本における革新的な社会・政治空間を保持した。しかも、そうした多様な伏流が新憲法制定時には機を得て、民間から独自の憲法草案を結実させていったのである。本章は、今日ほとんど顧みられなくなった知的オーガナイザーとしての高野岩三郎像を、戦後の憲法と民主主義に連らなっていく文脈から再検討したい。[*15]

　高野が敗戦直後の日本で異彩を放ったのは、共産党の憲法草案以外では、ほぼ初めて明確に共和制を前面に打ち出した点であろう。彼が一九四五年一一月二八日に憲法研究会へ提出した「日本共和国憲法私案要綱」は、共産党が「新憲法の骨子」を発表したのと、ほぼ同時期に作成された。

高野はこの要綱に修正を加え、自らの民主主義・憲法観を語りつつ「囚われたる民衆」という論考として、一九四六年二月号の『新生』に発表した。憲法そのものの議論は後述するとして、そこには、高野岩三郎がなぜ共和制にこだわり続けていたかが簡潔に記されている。すなわち、彼は「天皇制に未練を残して純然たる民主主義」を採用しないことは、「民主政に対する自信の念の薄弱」に起因しているのではないかと問うたのである。[*16] 高野の論考では、日本国民のほとんどが天皇制の「囚われたる民衆」となっていたにも拘わらず、自分が何故「自然発生的なる民主政治観を抱懐」したかを説明している。[*17]

まず、高野岩三郎と三歳年長の兄房太郎は、ともに長崎でそれぞれ一八七一年、一八六八年に生を受けた。長崎は天領であったため、自由都市の気風があり、開港市として世界に開かれた土地柄であった。父は和服裁縫師、母は米小売商人の娘という、町家の家庭で少年期を過ごす。こうした環境は、後に高野が組織する大原社会問題研究所のパトロン、大原孫三郎の出自とも類似している。大原の生まれた倉敷も天領で、通常の藩主、藩士で構成される封建的秩序が弱く、自由、自主性の強い歴史的背景を有していた。ただし、高野一家は大原家のような新興の豪商と異なり、東京へ転居の後、父と経済的支えになっていた叔父が相次いで急死し、経済的難局に直面する。それでも、高野兄弟は東京下町の「独立自由・負けず嫌いの強きを挫き弱きを助ける」気風に影響を受けて育っていく。しかも、彼らの青年時代にはフランス流の自由民権論が盛んで、共和主義的な主張さえ展開されていた。[*18]

もう一つの重要な家族的要因としては、兄の房太郎の影響があげられる。兄は高野家の家計を支えてアメリカ合衆国を一〇年近く転々としただけでなく、一八九六年に帰国して後は、片山潜などと日本の労働組合運動を組織していった。房太郎は、ヒューマニズムによる単純な同情心から労働者を助けるというより、生産と消費の拡大が人々を豊かにするという社会科学的主張が顕著で、知識人の組織化により労働者の教育を推進すべく活動していた。東京帝国大学の教員となった岩三郎が呼応できる場を、兄が準備していったともいえよう。しかし、その兄は一九〇〇年の山県内閣の治安警察法発動による運動の弾圧から、中国各地を渡り歩いた末、山東省青島のドイツ病院で一九〇四年に客死した。以上の経緯もあり、岩三郎は一九一九年三月に、救済事業調査会が彼の主張した治安警察法第一七条のストライキ禁止条項を廃止する提言を可決した際には、日記で「亡兄ノ仇ヲ報ヒタル心地」と記したのである。[*19]

以上の「囚われたる民衆」で叙述された点以外にも、高野岩三郎の個人史を見ると、彼が民主主義に関わる諸要求を掲げていく道程は、艱難辛苦の連続であった。戦前の国体を核とする強権的な圧力は、およそ彼の希求した思想・運動・体制が展開される可能性を阻んでいったと思われる。さりながら、彼の民主主義者たる由縁は、自らの権威を笠に着ることなく暴力的衝動に陥らず説得によって、よりましな解決を求めたところにある。厳しい情勢下におかれながら、前向きな対処を怠らず、実際にある程度まで具体的な成果さえ獲得していった点は、彼の矜持でもあろう。高野の愛弟子であった大内兵衛は、高野岩三郎を追憶して「とにかく、急激な変化はあまり好まないが、根本的な変化は好きだった」と述べている。[*20] 同時代的には、高野の主張から若干距離をおいていた三輪寿壮も一九二二年に、「河上［肇］氏とは一から十まで同じ主張を持つて居なければ一しよになれまいと思わるるが、高野氏の方は基調さえ一致して居れば大抵の相違は大目に見るという風である」と評した。[*21]

この点、たしかに大内の語った如く、高野は生まれつきのデモクラット、もしくは高野自身も認めるように、自由民権運動の主権在民、共和政体論に大きな影響を受けていたかも知れない。[*22] だが、そうであれば自由民権運動を目のあたりにした人々が後に超国家主義へと突き進んだ理由は説明できないし、高野自身も単独で一直線に戦後憲法の基盤作りへ向かったわけでもなかった。むしろ紆余曲折を経る中で、多くの人々を巻き込んだ民主憲法の方向性が生み出されていったのである。以下、高野岩三郎をめぐる重要な社会・政治的事件に注目しながら、彼の人的ネットワークがいかに形成され、平和的方法による社会と政治の変革が繰り返し試みられながら、どのような形で戦後の憲法と民主主義へとつながっていったのかを論じていく。

1　社会的諸権利に向けて

(1)　月島調査所と労働運動

労働者の生活実態に関する科学的研究を試みていた高野は、一九一六年六月に内務省の保険衛生調査委員として、都市労働者の社会・経済生活に関する具体的調査を提言し承認された。高野が評議員を務めていた友愛会の鈴木文治会長は彼の教え子を自認しており、すでに労働者の家計調査に協力した実績もあった。初期労働運動の中心的存在であった友愛会から支援を期待できた高野は、石川島造船所を擁する月島の工場労働者の住宅街に着目する。また、吉野作造から推薦された山名義鶴と棚橋小虎が協力者となり、一九一八年一一月、月島に調査所を設け、労働者の消費・娯楽生活に至るまで総合的な情報を収集した。前項の高野評を記した三輪寿壮も、月島に下宿し調査を始めたのが、労働運動に没入していく契機になったと回想している。山名、棚橋、三輪らとともに東大の新人会など進歩的知識人の組織化を進めた麻生久は、月島を頻繁に訪れ、労働運動の拠点と位置づけていた。一九一七年のロシア革命に触発された新人会の学生たちも合流し、月島を「ペトログラードに対するクロンスタット」に見立てるほどであった。[*23]

当時、麻生や棚橋が所属していた友愛会は、一九一二年の発足以来、四年で二万人を超える全国的な労働者組織に発展していた。一方、会長の鈴木文治が目指した労資協調の自治団体では満足しない、より戦闘的な労働運動が強まっており、個人ベースの労資間ボス交渉を独裁と批判する動きは勢いを増していく。他方、叩き上げの労働者から「月島の過激派」に対する反発も生じ、友愛会主事をしていた労働者出身の堅実派でインテリ嫌いの松岡駒吉などは、根深い警戒感を隠さなかった。しかるに、高野は労働者の中へ気さくに入り込み調査を続け、友愛会とも良好な関係を維持しながら、労働者とインテリを架橋する役割を果たした。こうした地道な交流と彼のコミュニケーターとしての活動は、知識人の労働運動に対する関わり合いの端緒となる。敗戦直後の労務法制審議会では、労働者委員として松岡駒吉、三輪寿壮や、同じく高野と関係の深かった西尾末広が、労働組合法案制定さらには憲法の労働関連条項の基盤作りに寄与していったのである。[*24]

ただし、高野の意向とは裏腹に、社会運動三羽烏と呼ばれ三高の同期生であった山名、麻生、棚橋は、むしろ労働組合と無産政党を分裂させる震源地となっていく。まず一九二〇年一〇月、麻生、棚橋はサンディカリズムの思想に立って、「議会が革命思想を減退させ、労働者を妥協と堕落に導き、その階級意識を不鮮明ならしめる」とまで主張して、普選反対論を展開した。[*25] ところが、一九二一年一月になると、棚橋は社会主義者の直接行動路線を批判して「労働組合へ帰れ」という一文を友愛会機関誌に掲載する。これに反発した大杉栄の牽引するアナーキスト、共産主義革命への方向性を強めた急進的組合員の突き上げから、麻生、棚橋はともに本部を去っていった。それでも一九二六年初頭には、日本労働総同盟（一九二五年に友愛会が改称）中央委員会が反共主義を前提として、労働農民党結党に向け麻生、山名、西尾末広、松岡駒吉、赤松克麿を委員に選出した。革新陣営の統一を目指す試みが繰り返されながらも、なお左右対立は深刻となり、無産政党分裂を調停すべく安部磯雄、吉野作造などが乗り出し、後の憲法研究会に名を連ねる馬場恒悟なども新党組織準備協議会に出席した。これに対し麻生たちは別派の政党樹立計画を発表し、結局、日本労働総同盟は麻生、棚橋を除名する。この間、棚橋、麻生、山名は高野を訪ねて合同政党の委員長就任を要請したが、高野の承諾は得られなかった。[*26]

その後の展開をやや先取りして述べれば、一九三二年、山名の属していた国家社会主義派をのぞく合法無産政党は合同して社会大衆党を結成し、麻生が書記長となっていく。しかし麻生は、一九三四年の国防国家建設を謳った『陸軍パンフレット』に対して支持を表明し、無産階級運動と軍部の提携を否定する者は「社会改革運動の落伍者」とまで述べたのである。一九四〇年に、麻生が近衛新体制の中核へ入り込むため社会大衆党を解党すると、棚橋はこれに同調し、一九四一年には石原莞爾の東亜連盟に参加していった。新しい政治動向へとびつく社会運動家たちの極端な変転と対照的に、高野は分裂や排除を望ましく思わず、権力に追随するのではない労働者の連帯に心を砕いている。動揺期にも、高野らは無産政党の綱領研究を続け、その内容は彼の共和国憲法私案の社会主義的性格が強い章「経済及ビ労働」にも反映された。[*27] 離合集散を繰り返す政治家や運動家の策動に直面しても、高野が一貫して労働者の具体的な状況改善に努めた素地には、月島を始めとする地道で継続的な実態調査が生きていたと想像される。

一九二五年に日本労働総同盟の分裂が始まると、高野が創立以来、評議員となっていた日本農民組合は、無産政党再編のイニシアティヴをとる情勢になった。他方、一九二六年に成立した日本労農党は、高野に委員長を要請するが断られている。そして、さらに合同を進めて日本大衆党が一九二八年に結成された折も、高野は日記で「左派ヲモ抱擁シ得ル余裕」の必要性に言及しつつ、中央執行委員長に推薦されたが病気を理由に固辞した。[*28] 一九三〇年、彼は新党樹立を支持する労組幹部に対して、「自分はいま、政党に直接関係するよりはむしろその相談役となり、無産党合同のクサビになれるなら満足だ、また政党の離合にかかわらず、いかなる時でも組合の強固な団結が必要である」と語っている。[*29] 事実、全国労働組合同盟の顧問をしていた高野は、一九三五年に日本労働総同盟との合同の斡旋を行なったのである。日本労働総同盟の松岡駒吉と全国労働組合同盟の河野密による交渉はまとまり、一九三六年二月の総選挙に間に合わせて全日本労働総同盟が誕生し、会長に松岡、副会長に河野と西尾末広が就任した。[*30] ここでも、前述した戦後の労働法制と新憲法の労働関連条項制定に深く関わった松岡と西尾が、高野の仲介をめぐり密接に結びついており、高野人脈の重要性は否定できない。

以上、戦前の流れを概観しただけでも、高野が友愛会や月島調査を通じて広汎な労働運動のネットワークを築きあげていった経緯に気づかされる。彼の活動する周辺を取り巻いた人々は後に労組、無産政党でも右派に属していく傾向を有していたが、左派の排斥に高野自身が積極的に関与した例はほとんど見られない。敗戦後、一カ月と経たぬうちに、無産政党結集のアピールを発した高野岩三郎、安部磯雄、賀川豊彦の三長老が選んだ社会主義新党設立準備委員には、松岡駒吉、西尾末広、河野密、河上丈太郎らが指名されていた。その河上丈太郎は、高野を以下のように追想している。「先生の態度は右傾に対しては鋭く、左傾に対しては各自の意思に委すという風でありましたが、御自身は空論を弄す事なく、極左に流れる事なく、絶えず現実社会との交渉に於て実践的に科学的に解決しようとなされたのであります。[*31]」

実際、一九二二年七月に日本共産党の一員となる野坂鉄（参三）は、一九一三年一〇月の友愛会設立一周年記念講演会で高野や安部磯雄らの講演に感銘を受け、友愛会に参加している。後に高野は野坂の求めに応じて、大原研究所から産業労働調査所へ調査費を提供する結びつきもあった。一九四六年一月二五日に野坂が亡命先の中国から帰還した歓迎集会で、高野が共産党をふくめた民主人民戦線により共和制を目指すべきだと主張したのは、偶然ではない。月島の調査所には、後年、日本共産党委員長となる、石川島造船所で働いていた風間丈吉もやってきていた。また一九一九年には、調査所の近くに家を借りた佐野学が、足尾鉱山の元鉱夫たちと暮らしながら社会主義の研究会を開き、労働者を集めていたのである。[*32]

月島調査所は、単に右派労働運動のネットワークを形成しただけでなく、広汎な左派の人的な交流が展開される空間の中心にあった。高野自身にとっても、その後の研究や社会への関わりを大きく左右する転機となった。河上丈太郎が高野のことを「労働者の中に交り、衣服を顧みず、共に屋台店のおでんを喜ばれた平民主義は科学と労働者を結ぶ橋渡しでありました」と評した原点は、まさに月島にあったといえよう。[*33] 月島調査を通じて労働運動に身を投じた三輪寿壮も、この調査を「一平民高野岩三郎の生活要求から出たもの」と述べ、高野が労働者の家を訪ね、集会の席にも出てよく談じ、かつよく飲んでいたと、政府、資本家にこびる大学の経済学教授たちとの違いを強調している。三輪によれば、高野は「労働者を教えるでもない。指導するのでもない、労働者の状態を調査したのであったが、労働者は氏に親しんだ、氏に学んだ、そして自覚した。」[*34]

恐らく高野もこうした経験から多くを学び、弾圧と戦争の時代を潜り抜けても、非暴力的な手段による社会改革の意を強くし、大原社会問題研究所設立から発展へと歩を進めていったと考えられる。ここに彼の同志を結束させるオーガナイザーとしての力量だけでなく、異なる人々をつなげるコミュニケーターとしての優れた資質を見いだすことができよう。

(2) 国際労働会議への労働代表派遣問題

一九一九年は、国際的な文脈から日本の労働運動が大きく動いた年であった。それは世界全体における労働者の地位向上とも連動している。一九一八年一一月に第一次世界大戦の休戦条約が結ばれると、各国の労働団体は万国労働平和会議の開催を計画したが、欧米の政府側は労働組合が独自の立場から理想的、人道的な平和条件を決議する事態を恐れて、ヴェルサイユ講和会議に労働側の取り込みをはかった。その結果、講和条約には国際労働会議総会の毎年開催と国際労働機関（ＩＬＯ）の常設化が盛り込まれた。加盟国には労働組合結成の権利、最低賃金制、八時間労働制、幼年労働の禁止、男女同一労働同一賃金などを認めることが要請され、とりわけ日本の政府・資本側には厳しい内容であった。一九一九年一一月に第一回の国際労働会議がワシントンで開かれるのに向け、資本側代表委員に選ばれた武藤山治は、八時間労働制や女工の深夜営業禁止の即時実施へ強硬な反対を唱えていく。政府も労働組合の存在を認める気はなく、その活動を禁圧する治安警察法第一七条の維持に固執した。[*35]

政府は労働組合を無視する形で労働代表の選出を進め、知事を通じて提出された代表選出母体となる協議員に職工長以下の労働者が占める割合は、三分の一未満となっていた。また、海員が選出母体から排除されたうえに、政府は労働側から示された疑問を黙視し続け、一九一九年九月には反対運動が激化していく。当初、労働代表への就任を断わった高野は、東京帝国大学の吉野作造、矢作栄蔵、早稲田大学の北沢新次郎などからも、労働条件改善のために出馬を依頼された。高野は友愛会会長の鈴木文治が代表を務めるべきと考えていたが、労働運動の側面的助言者として政府の労組に対する抑圧的姿勢を緩和する意味で、一旦は労働代表を九月二三日に受諾したのである。高野は鈴木を始め麻生、棚橋ら友愛会幹部の恩師であり、彼らも高野の識見、人格、閲歴に異存はなかったが、選出方法の問題を無視することはできなかった。結局、高野は友愛会側の主張を九月二五日に確認し、翌日深夜、農商務省へ受諾撤回を伝えた。[*36]

この受諾撤回の決断は、その後にも繰り返し見られる高野らしい潔さが際立っている。九月二五日に友愛会を訪ねた高野は、鈴木文治、麻生久、棚橋小虎、松岡駒吉ら幹部を始め、立会人として福田徳三、櫛田民蔵、森戸辰男、山名義鶴らが同席する中、それぞれの意見に耳を傾けた。鈴木は高野個人への信頼に変わりのない点を強調しつつ、選定方法に反対する以上、高野の労働代表就任を承認できないと主張する。鈴木は門弟である自分たちが「謀反児」となってしまう状況にならぬよう、高野の翻意を促した。麻生によると、福田に至っては高野の母を脅すと短刀まで持参し、その場でも親友関係にあった高野との絶交を宣言するほど、興奮状態に陥っていた。高野は聞き手に回り、涙を流す参加者たちに対して、自分の良心に従い個人の責任で一切を処理すると冷静に語り、来たときと同じ態度で静かに辞去した。高野はさらに櫛田、森戸に加え大内兵衛、権田保之助らと最後の相談をした後、受諾撤回を通告した。九月三〇日午前二時には、つめかけた新聞記者たちに自らの不明を謝し、高野は山川健次郎東大総長へ辞表を提出した。[*37] 高野はその人情あつき態度故に、しばしばボス的存在と見なされる場合もあるが、重要な決断をする際は、弟子たちもふくめ複数の人間と協議を重ね、他人の意見を無視しなかった。そして、冷静な対応に努め、自らの責任を明らかにして、出所進退がはっきりしていたのである。[*38]

高野の行動は、世間一般の労働組合に対する認識、評価を大きく変えた。労働団体の意向を尊重することの重要性を、自ら東大経済学部教授の地位を辞して明らかにしたと友愛会は理解し、反対運動の拍車がかかっていく。労働代表となった桝本卯平は、受諾の条件として労働組合の公認と治安警察法第一七条撤廃の言質をとろうとするが、成功しないまま一〇月四日に政府の発令を受けてしまった。翌日、友愛会を始めとする組合員二〇〇〇人が、足尾銅山からかけつけた坑夫二〇数名を先頭に大デモ行進を敢行している。他方、友愛会海員部を中心とした抗議運動は、渡米代表団の船を航行させないと表明するに至り、さすがの政府でさえ、政府代表顧問に海員関係者を追加する妥協へと向かった。一〇月一〇日の出発当日も、東京駅頭は喪章をつけた労働者であふれかえり、プラットホームには弔旗が林立した。横浜埠頭では「民敵代表居士俗名桝本卯平」という白木の位牌が立てられ、線香や仏前草の樒《しきみ》までが準備され、一大葬儀場の呈をなした。麻生、松岡は水上警察長と談判し、乗船したはずの桝本代表をボーイに捜させるが見つからず、棚橋らは船橋をかけのぼり船内にまで入り込んでいって、決議文を残して引き上げたのである。当時、凄惨な弾圧にあう労働争議が多かった中、政府も引け目を感じていたのか、ユーモアさえ感じさせる抗議活動が繰り広げられたといえよう。*39

代表団が出発した後も余波は続く。労働者団体の抗議書は、国際労働法規委員会議長であったアメリカ労働総同盟（ＡＦＬ）会長サムエル・ゴムパースに届けられ、各国の労働代表は反対に回ったが、政府・資本側委員によって本会議は何とか桝本の代表資格を承認した。こうした執拗な抗議の繰り返しに政府も音をあげ、一九二四年の第六回国際労働会議から、ようやく労働組合の協議による代表の選出を承認して、鈴木文治が最初の代表に選出されるようになる。しかし、一九一九年の第一回総会では、資本家代表の武藤山治が政府代表とともに、八時間労働制、女性の深夜業務禁止、幼年労働の制限などの原則について、日本が「特殊国」であると主張し、特例を認めさせた。すったもんだの末に労働代表となった桝本は、これでは日本の専制主義を助長すると反対演説を行ない、治安警察法第一七条撤廃も要求し、一応労働側としての役割を果たさざるを得なかった。それでも、劣悪な労働条件で苛酷な労資関係を強いる日本の状況は、世界各国からの批判を受けたにも拘わらず、戦前を通じて変更されないまま続いていく。この後進性は、高野を始めとする憲法研究会の草案が、一九四五年においてなお労働権、休息権、八時間労働制(幼児労働の禁止については、第二案の草稿に明記されていた)を強調しなければならない原因となった。さりながら、労働代表問題は労働者階級を覚醒させ、自らの代表を主体的に選ぼうとする強靱な主張によって、日本の労働組合が国内・国際的に承認された一個の社会勢力となる明確な転機をもたらした。[*40]

2　学問・思想の自由をめぐって

(1)　森戸事件

森戸事件とは、一九一九年一二月、東京帝国大学の学術雑誌『経済学研究』創刊号に掲載された森戸辰男の「クロポトキンの社会思想の研究」が危険視され、問題の雑誌が回収処分となり、森戸と「編輯人」大内兵衛が東大の休職を強いられ、新聞紙法違反で起訴された思想弾圧事件である。折しも前節で見た労働運動の勃興や大正デモクラシーの高まりが急を告げる時代であり、それに対する国家主義的な反動も顕在化し始めていた。実際、この糾弾は東大内の右翼学生団体、興国同志会により端を発していた。また、首相原敬と元老山県有朋は、ともに森戸論文を時流に迎合した売名行為と見なす点で一致し、衆愚に訴える反国家的思想へ断固たる措置を講じるべきとしている。東大法学部教授で天皇神権説を唱える上杉慎吉は、自らの洋行をキャンセルして、責任者の処分を説いて回り、興国同志会を鼓舞したといわれている。[*41]

一方、東大総長の山川健次郎は、一九二〇年一月九日、森戸と個人的に面談して、論文は本来の意図とは異なり筆が走った結果、行き過ぎてしまったと弁明するよう提案した。しかし、森戸は学者として書いた研究論文である以上、本意でなかったとは述べられないと回答したのである。山川はなお一日の熟慮を要請したが、翌日、森戸が再訪すると、すでに貴族院、検事局が強硬姿勢を示し、円満な事態収拾が不可能になったと告げた。逆に森戸は一晩考え、見解を取り下げるつもりのない旨を再度確認している。後に山川は、自分の考えと異なるものの、森戸の態度は学者として立派だったと賞賛している。他方、森戸を糾弾する興国同志会への批判が高まるにつれ、一九二〇年一月から二月にかけて、思想・文化弾圧に反対する統一戦線が形成されていった。[*42]

こうした森戸への弾圧に抗する動きの一翼をなしたのが、高野門下を中心とするグループ「同人会」であった。グループには、森戸を始めとして櫛田民蔵、大内兵衛、権田保之助、細川嘉六、上野道輔、糸井靖之などが参加していた。これら六名は東大経済学部に所属していたが、一九二〇年一月一一日に会合を開き、森戸と当日欠席の権田をのぞく五名が、高野に東大経済学部への辞表を預けるという合意に至った。この時期、「同人会」は処分をめぐって教授会との連絡、裁判における弁護活動の手配を担っていく。高野は、戦後に社会党党首となる当時弁護士だった片山哲などの協力を得ながら、東大法学部の美濃部達吉、京大法学部の佐々木惣一に特別弁護人となるよう依頼する。結局、実際の特別弁護人としては佐々木のほか、吉野作造、安部磯雄、三宅雪嶺が選ばれ、一月二三日に第一回公判を迎えた。[*43] 興味深いのは、森戸の擁護と復職を喫緊の課題としつつも、高野は「同人会」の方向性について一月一三日の日記にメモを残している。そこには、以下のような社会改革への取り組みが列記されていた。[*44]

目的　最モ合理的ナル社会・構成
手段　漸進
場所　真理研究ノ府タル大学
時期　研究未タ積マズ同人少ナキ時　尚早

同じく学問・思想の自由を守る運動で重要な役割を果たしていた東大新人会も、国家主義とは一線を画した「現代日本の合理的改造運動」という目的を掲げていた点は注目される。よく似た趣旨を見いだせるウェッブ夫妻の『大英社会主義国の構成』が著わされたのが一九二〇年で、一九二五年には大原社会問題研究所の助手が訳出していた。この内容をめぐり、高野は日本で「同種の企図を考量している」と、共和国憲法草案を発表した前述の論稿「囚われたる民衆」の最後に記している。それを新憲法の肉づけにあたる構想と高野は位置づけるが、産業と労働の社会化と合理的な社会の構成により、共和制の実現を目指していたと考えられる。森戸の論文自体も暴力的改革を否定していたように、高野は一貫して漸進・平和的な制度変更を志向していた。森戸の裁判へ向けての会合においてさえ、目先の公判のみにこだわらず、科学的研究を通じた社会改造に固執した「同人会」の試みは、四半世紀後に憲法制定という形で結実することになる。[*45]

革新陣営が守勢に立たされる時代に入っても、高野は終始前向きであった。彼は合理的な真理探究の場を、東大経済学部から大原社会問題研究所へと移す決断を一九二〇年三月に行ない、所長就任を承諾した。起訴中の森戸も、日本の各大学さらには北京大学からの招聘を断わり、大原社会問題研究所直属の研究嘱託員となった。しかも同時期には、友愛会の「労働講習所」が開講され、鈴木文治、麻生久、北沢新次郎に加え、高野、森戸、吉野作造、安部磯雄と高野人脈の人々へ講師の依頼がなされていた。実際、この時期には森戸の裁判をめぐり多くの知識人が相互に頻繁な交渉をもった。たとえば、高野たちが大原社会問題研究所のある大阪へ向かうのと入れ違いに、大阪朝日新聞をやめた長谷川如是閑が東京で雑誌『我等』を続けて、森戸・大内擁護を貫く東西の知識人が交錯していった。『我等』には河上肇、大内兵衛が同人となり、京大の佐々木、東大の吉野といった森戸の特別弁護人が寄稿したのである。[*46]

注目されるのは、後に憲法研究会の重要メンバーとなっていく人々が、偶然それぞれ学問・思想・言論の自由を擁護する集会に関わった点であろう。文芸評論家の杉森孝次郎は興国同志会の顧問をしていたが、一九二〇年二月五日、文化学会が中心となって大学の改造、学問の独立、思想・言論の自由を求めた連合大会において室伏高信、佐々木惣一、安部磯雄、北沢新次郎、大山郁夫などとともに演壇に立った。杉森はこの「思想問題大会及森戸問題大演説会」で、「国家と思想」という学究的演説を行なったのである。また彼は当時、国民新聞の記者であった馬場恒吾が結成した改造同盟に参加しており、普選運動にも関わっていた。事件後にシドニー・ウェッブ、アルバート・アインシュタイン、ロマン・ロランなどの各国著名人を訪問する室伏高信は、二月五日に杉森たちと言論の自由を唱えていたが、四月三日の筆禍事件問責大演説会では、一九二二年に日本共産党を結党する堺利彦、キリスト教社会主義者の賀川豊彦などに混じって弁士を務めている。室伏は、本人によれば「バクーニンやクロポトキンはひとぐるみ好きだった」と書くくらいであったが、高野とは戦争中に国府津で何度も会っていた。室伏は、大学から危険思想の持ち主として追放された森戸を大原社会問題研究所に招いた高野のことを、権勢に屈しない硬骨の人物であると書き残している。[*47]

森戸支援に参加した憲法研究会メンバーの影響か、この事件を意識したと思われる詳細な自由権規定が憲法研究会草案には書き込まれている。皮肉なことに、憲法研究会草案および高野の共和国憲法草案は、森戸も関わった社会党憲法草案以上に、多くの権利を個別の独立項目として立ている。社会党案には見られない森戸事件を想起させる人権関連条項の特徴としては、研究会草案には「学術芸術」（現行憲法第二三条「学問」）の自由が記され、高野私案には「著作」（現行憲法第二一条「出版」）の自由がふくまれている点であろう。加えて、高野私案には「一切ノ教育、文化ハ真理ノ追求、真実ノ闡明ヲ目標トスル科学性ニ其ノ根底ヲ措［置］クベシ」という条項も挿入され、合理的な社会の構成に対する彼のこだわりが教育・文化論としても明示されたのである。これほど詳細な自由権をめぐる条項が記された日本側の草案はほかに見当たらず、しかもその多くが現行憲法に反映されている卓越性は特筆に値する。[*48]

東大を一旦辞職しながら、復職を請われる動きもあった高野にとって、彼が創設に尽力した経済学部を完全に離れる決断へと至らしめたのが、森戸事件であった。しかし、彼は事件発生直後も、森戸の留学が取り消される恐れについてまで心配し、その場合には大原研究所からの資金提供を考え、実際に実現させたのである。森戸は一九二〇年三月三日、新聞紙法第四一条の安寧秩序を乱す罪に問われ、禁錮一カ月という第一審判決を受けた。判決文は、森戸の主張があくまで合法性と非暴力の枠内に留まっている以上、第四二条の朝憲紊乱罪の適用を退けていたが、検事側の控訴は明らかであったため「同人会」側も、第一審で罰金刑のみを受けた大内が同意して、控訴を求める。結局、六月二九日の控訴審判決では、朝憲紊乱罪に該当すると処断され、森戸に禁錮三カ月と罰金七〇円、大内には禁固一カ月と罰金二〇円（二年間の執行猶予）が科せられた。一〇月二二日の大審院法廷は上告を棄却し、一一月四日、森戸は下獄した。国家体制と私有制の変革を唱えた思想に言及した学術論文でさえ重罪に問われたこの事件は、大正デモクラシーの趨勢を一挙に押し戻す契機となる。[*49] この抑圧状態が解除され、広汎な人権を保障した新憲法制定まで、高野たちは、なお二五年以上の歳月を待たなければならなかった。それでも、森戸を擁護した人々は、戦後ただちに憲法の民間草案作成という形で積極的関与を果たすことになる。

(2) 大原社会問題研究所

大原社会問題研究所が創設されたのは、一九一八年の米騒動が労働・農民運動を活性化させ、支配階級にも組織的な社会事業の重要性が強く認識され始めた時期であった。すでに貧民救済や保育事業に着手していた大原孫三郎は、同じくキリスト教的慈善活動家の石井十次が実施していた大阪のセツルメント事業も引き継いでいく。さらに大原は、困窮者の事後的救済のみで満足せず、社会改良に向けた調査研究を行ない、現状の抜本的改善を模索していたのである。当時、岡山教会の牧師をしていた安部磯雄などから、社会問題を科学的に研究する組織が必要であると助言され、河上肇を訪れた大原は高野を紹介された。高野は、後に森戸擁護の論陣をはることになる、アメリカ労働運動の専門家で友愛会会長代理も務めていた北沢新次郎早大教授を森戸、櫛田民蔵とともに研究嘱託とする人事を決め、一九一九年二月一二日の創立総会以降、着々と研究所の陣容を整えていく。高野は、政府の政治・経済的利害関係から自由な科学的研究に基づき、現実の問題を解決する方針で一貫しており、大原の意欲的姿勢に共鳴した。大原も、独立の民間機関として「公正な良心的学者」に研究所を任せた以上、その活動を尊重して運営に口を出さない原則に徹し、資金を提供し続けた。[*50]

一九一九年一二月、正式に所長就任依頼を受けた高野は、森戸事件を機にこれを受諾し、東大に所属していた櫛田民蔵、大内兵衛、山名義鶴、細川嘉六、権田保之助も相ついで大原社会問題研究所に入所し、研究所の同時代における権威は一層高まった。一九二〇年三月には、脱稿中の『日本労働年鑑』を英訳して欧米の大学に寄贈するという日本初の試みも決定していた。この第一集は、労働運動、失業問題、農村問題、住宅問題、国際労働問題などを網羅し、高野も当時の社会状況と労働運動を公平かつ忠実に記録したと緒言で記している。また彼は、年鑑の刊行と並行する形で、同時代的な運動の資料を広く収集し、類例を見ない文書館を構築した。研究所は、当時運動に従事していた人々から予審調書、公刊記録、手記類などを高額で買い取っていく。運動家たちからは資金源と見なされ、ニセ資料も持ち込まれたと噂されたが、困窮する活動の一助となった可能性はあろう。それだけに、当時の社会・労働運動の実態を伝えるなまの資料の宝庫となったのである。[*51]

加えて、大原社会問題研究所は膨大な内外の文献を購入し、広く研究調査の便をはかっていく。欧米各国に所員が赴き、研究所からドイツに派遣された森戸も、マルクス・エンゲルス関係の文献を櫛田と競争して買い漁った。その結果、マルクスの『資本論』、『経済学批判』の初版本も入手され、研究所は一九三〇年の時点で洋書五万冊、和書二万冊近くを所蔵して、質量ともにモスクワのマルクス・エンゲルス研究所、レーニン研究所ならびにフランクフルトの社会問題研究所と比肩できる社会問題専門の研究施設へと成長した。東京では山名義鶴が月島で実施された調査を研究所の事業として継続し、新たに大阪では西尾末広が助手として協力した。西尾は調査支援のみならず、研究所が開設した労働講座にも参加している。高野によるブレンターノ『労働者問題』講読は西尾に大きな感銘を与え、「労働問題の研究に心魂を打ち込む」ほどであったという。[*52]

他方、研究所の活動を通じて森戸など研究陣は、現実の人間と社会の中で理想を実現していく道筋に強い関心を抱き始めた。しかも高野は研究所とは別に大阪、神戸で労働学校の経営を強化し、教育者、研究者として労働問題の解決に寄与する道を模索し続ける。このような高野に親炙する西尾は、労働者を発展していく一個人として尊重すべく、戦争直後から労働法制を制定する活動に邁進した。一九四五年一〇月一〇日には、松岡駒吉が労働組合組織懇談会で、労働者の地位向上、人格の陶冶、相互扶助などの目的を掲げた声明を発し、この中で論じられた「労働組合法要綱」には「西尾私案」の影響を確認できる。こうした動きにGHQ労働課は強い関心を示し、松岡、西尾、鈴木文治と会合し、松岡、西尾の所属した労務法制審議会が憲法改正案の労働関連条項を協同で起草したのである。*53

労働学校の設立は各地で見られたが、一九三一年をピークにその設立運動や活動は頭打ちとなっていく。こうした流れに連動して増加する弾圧のうねりは、大原社会問題研究所の環境を著しく悪化させた。一九二八年三月一五日の共産党員一斉検挙（いわゆる三・一五事件）にともない、研究所は「モスクワとの秘密連絡」の嫌疑で官憲の捜査を受けたが、証拠は一つも出なかった。高野はその旨の念書を裁判所から取ったものの、大原側が研究所の廃止をすでに検討している事実も明らかとなった。高野は病をおして交渉を続け、最終的に研究所の東京移転が決まり、一九三七年の移転後、四年間は毎年二万五〇〇〇円ずつ支援を受けることで合意に達した。研究所はその後、鮎川義介が会長を務める財団法人義済会から、一九四三年から一九四六年まで年間三万円の寄付を得て、活動の規模を縮小させながら存続していく。鮎川を高野に紹介したのは、非戦論者の経済評論家三宅晴輝だったが、三宅は室伏高信とも関係が深く、戦後、憲法研究会の熱心な協力者となる。研究所維持をめぐる財政的困難に加え、一九三三年には友人の河上肇が検挙され、所員の細川嘉六、越智道順も拘引された。それでもなお高野は守勢に立つばかりでなく、一九三三年には研究所主催の「談話会」、「研究生制度」、「社会統計学院」といった新しい事業さえ試みたのである。研究生には女性もふくまれ、後に学界、政界で活躍する人材が育っていった。[*54]

すでに国際的にも有名となっていた『日本労働年鑑』は、ほかの刊行物を断念していく厳しい情勢下で存続され、一九四一年七月の一九四〇年版作成まで持ちこたえたが、内務省から発行停止を命令されてしまった。この太平洋戦争前における最後の年鑑は、もはや直接、戦時体制の本格化を真向から批判できなかったが、緒言で思想統制が「無政府主義マルクス主義より人民戦線思想を経て自由主義にまで下降」した状況に言及している。実際、東京移転後に企画された日本労働運動史の編纂も、一九三八年二月の第二次人民戦線事件の弾圧で大内兵衛などが検挙され、頓挫する事態となった。まさに緒言の記述は、森戸事件、三・一五事件、第二次人民戦線事件に翻弄され続けた高野とその周辺の人々の運命を書き記したものであった。一九三八年の第二次人民戦線事件で検挙された大内ら「教授グループ」全員は、治安維持法違反で起訴されたものの、一九四四年九月に二審で無罪が確定した。しかし、一九四二年九月に始まる横浜事件は同じく治安維持法の適用を受け、細川嘉六の逮捕を皮切りとして、苛烈な拷問によるでっち上げの末、獄死四名、出獄死二名を出すに至った。憲法研究会が具体的に拷問の禁止（現行憲法第三六条）のみならず、無罪判決を受けた者への国家補償（現行憲法第四〇条）、検事総長公選をその草案で条項化したのには、明白な理由があった。[*55]

高野個人の戦時生活も厳しさを増していく。一八九九―一九〇三年の留学中にミュンヘンで知り合い結婚したカロリナ夫人は、以下のように回想している。「パパさん昔から戦争反対です。パパ戦争のため公債買うお金出さない。それで隣組の人と喧嘩した。私後であやまってね。パパのこと皆怒つていたけど、後で戦争が済んでからパパ偉い人だ、どうも悪かつたつて言いました。」しかも、ただでさえ戦争中で食料が乏しかったうえに、外国人という理由から配給さえ分けてもらえなかったと夫人は述べている。こうした状況から、高野は戦時中から足元がおぼつかなくなり、栄養失調がたたって舌がもつれがちとなった。[*56]それでも彼は、すでに著名な研究者となっていた大内や森戸の書いた翻訳原稿に対してさえ、原書と見較べながら朱筆を加える作業まで行ない、友人の野上弥生子を驚かせている。そこには、旧知旧友の苦境を目にしつつ、思想・言論の自由が封殺されていく中で、学問の厳密さを守ろうとする高野の姿が垣間見られる。一九四六年三月八日、高野は憲法改正の政府案（ＧＨＱ草案の日本政府修正版）を『読売報知』紙上で論じて、「戦争の放棄」の条文本体に憲法前文の平和的生存権を記した段落と政治道徳の普遍性を唱えた段落を付加するよう主張した。彼の奉じた平和主義と普遍主義は、戦争により徹底して抑圧された以上、戦争を単に否定する消極的な条文だけでは不十分で、積極的な表現の前文を追加し、むしろ「国民的宣誓」として第二章ではなく第一章として条項化すべきと論じたのである。[*57] 高野にとり平和、公正、平等は三位一体で、自由権の保障のみで満足しない彼のラディカルな気概が感じられよう。

3 戦後民主化の試み

(1) 憲法研究会と憲法草案の作成

敗戦から一カ月も経たぬうちに、高野は政治的自由を獲得すると、ただちに行動を開始した。一九四五年九月六日、旧無産政党に属していた議員たちが一堂に会し、社会民主主義を標榜する全国的政党の創設に合意し、高野は安部磯雄、賀川豊彦とともに三長老のアピールという形で九月一四日に全国の政党、団体へ招請状を発した。一一月二日、日本社会党が結成され、高野は顧問に選ばれるが、彼の活動は政治的オーガナイザーの役割に留まらない。一〇月二九日には、日本文化人連盟の創立準備会が開かれた際、民間で憲法制定の準備、研究を行なうことが高野により提起された。[*58] 高野は、憲法の専門家と見こんで鈴木安蔵に初めて声をかけ、「鈴木君、憲法の問題を政府にまかせては駄目だから、われわれの手で運動を起こさねばならぬ、すぐに着手するように」と語っていたという。鈴木は、本来なら若い自分が老博士をかつぎ出すべきところ、逆に注意激励されたと驚き恥じいった。[*59] 初会合は一一月五日に、室伏高信らが中心となっていた雑誌『新生』の新生社で開かれ、高野、室伏、鈴木安蔵、森戸辰男、杉森孝次郎、岩淵辰雄らが集まった。その後、馬場恒吾なども加わり、ほぼ毎水曜に集会を続けていった。森戸は、老人の高野が一番ラディカルな共和制を主張、一番若い鈴木の方が一番穏健であったと追想している。加えて室伏は、主権在民という点では全員の考えが一致していたと明記する。[*60]

鈴木安蔵は、一九二六年に初めて治安維持法が適用された学生社会科学連合会事件（いわゆる京都学連事件）で収監され、獄中で美濃部達吉らの憲法学を読み始めたという経歴の持ち主であった。刑期満了後、鈴木は吉野作造と会い、憲法制定史研究の意義を確認し、植木枝盛に関する議論を通じて抵抗権、人民主権、一院制を示唆する論文も一九三七年に公刊していたが、高野との明確な接点は戦前には存在しなかった。鈴木は専門的な憲法学者の方が時代の課題に気づかず、高野が天皇制廃止にまで踏み込んだ議論をしている姿勢に感銘を受けた。こうした斬新性については岩淵辰雄も、国家法人説が主流の中、憲法学のアウトサイダーだったからこそ、天皇の政治的権能を取り去るということまで主張できたと述べている。[*61] 室伏は、民主主義の思想を貫くには共和制の方が望ましいかも知れないと考えつつ、国民感情に配慮して、儀礼を司るだけの天皇像を提示した。森戸が唱えた形式的元首案より、室伏の象徴天皇案の方が天皇の実質的権限をより縮小していたが、高野は天皇制を形骸だけでも残すのは危険であるとして共和制の主張を譲らなかった。[*62]

本章の冒頭で記したように高野は、創刊号で三〇万部を発行した雑誌『新生』の一九四六年二月号に、憲法研究会で容れられなかった「日本共和国憲法私案要綱」を論考「囚われたる民衆」の中で、「改正憲法私案要綱」と銘うって掲載した。彼は共和制の主張に多くの説明を費やし、天皇を国民的儀礼機関にすれば、かえって皇室の尊厳を強調する勢力の攻撃を助長するのでは、と象徴天皇制の導入についても警鐘を鳴らした。また同論考では、「デモクラシーの新時代になっても、「いぜんとして一種の迷信偶像的崇拝の念に固執する」天皇制への態度を、「奇怪にして諒解に苦しまざるを得」ない、とまで厳しく問い詰めている。[*63] 高野は、天皇制廃止が共産党の独占物になる状況を憂いていたが、大内兵衛さえ共和制には賛成だが時期尚早と書いた速達を送ってくると、「大内くんもそうかね」と寂しそうに笑ったという。実際、研究会に出席していた社会党の鈴木義男はわざわざ、社会党が天皇制維持の憲法草案を作る以上、「天皇制をみとめていない」憲法研究会案に自分の名を出さぬよう、要請の葉書を鈴木安蔵に送ってきた。それほど当時の日本における政治指導層は、国体の本質にふれる議論自体を忌避していたのである。[*64]

これに対し高野の筋を通すという姿勢は、一方で憲法研究会における議論を尊重し、一九四五年一二月二六日の公表段階で「憲法草案要綱」に馬場恒吾、杉森孝次郎、森戸辰男、岩淵辰雄、室伏高信、鈴木安蔵とともに署名しながら、他方で別途「改正憲法私案要綱」を日本共和国憲法草案として個人の立場から公表したところにも現われている。[*65] 高野の対応は単なる頑迷と異なり、ほかの意見を全面的に否定せず、なお公論の場に自己の主張を明示する意味で、コミュニケーターとしての面目躍如たるものがあった。

高野がここまで共和制にこだわったのは、戦前に彼が重視してきた労働運動、無産政党活動、学問・思想・言論の自由擁護いずれもが、国体に反するという名の下に指弾され続けた経緯による。しかも戦後においてなお、日本政府はもちろん、共産党をのぞく主要政党の指導層は戦前の体制維持に腐心し、それらに対抗できる労働組合や社会運動も不足していた。この点はGHQ内の政治顧問部も報告書に記している。故に、占領当局は高野と憲法研究会に対する関心を高め、主要な政党の憲法草案と同列にこれら民間の草案を検討したのだといえよう。[*66]

とりわけ注目すべきは、民政局で憲法改正案を検討していたミロ・ラウエルが、憲法研究会の

「憲法草案要綱」が完成する以前に英文訳を入手し、一九四六年一月一一日には公表された草案に詳細なコメントをつけた報告書を作成したことである。彼は国民の権利、義務に関する項目で、憲法研究会が提起した拷問の禁止を取りあげ、日本の警察機関が個人の権利を侵害してきた点について広く言及している。ラウエルはまとめとして、憲法研究会の草案を民主的で満足のいくものと評価し、高野たちが治安警察法、治安維持法に基づく抑圧を受けてきた状況に鑑み、刑事事件に関する被疑者の権利擁護を細かく規定する付加項目が必要であると指摘した。ただし、アメリカ憲法には拷問の禁止という規定が存在しないため、研究会草案がGHQ草案に直接反映されたのではないかと鈴木安蔵は推測している。占領当局は、憲法改正に対する日本政府の消極的姿勢に業を煮やしながらも、本格的な草案検討を行なう以前の段階で、民間の憲法草案に対して適切な目配りをしていたのである。*67

加えて高野周辺の人脈は、憲法研究会草案が公表される前より、それぞれ占領当局から接触を受けていた。合衆国政治顧問団は多くのインタビューを行なっていたが、早い時期に室伏高信、大内兵衛、森戸辰男などを証言者として選んでいる。一九四五年一〇月の大内、一一月の森戸に対し実施されたインタビューでは、二人のいずれもが憲法改正の必要性と天皇の位置づけを変更する重要性について提言した。森戸は発言の中で、天皇を「道徳的象徴」以上のものにしてはならないと述べている。「象徴」という言葉を使用したのは室伏、杉森孝次郎であったとの指摘も存在するが、重要なのは、この時期すでに憲法研究会メンバーが主権在民と天皇の政治権力を実質的に認めないという方向で一致していたことであろう。また鈴木安蔵は、戦前の憲法史研究会で知り合っていたカナダの外交官ハーバート・ノーマンの訪問を九月に受け、国体批判の議論を深めている。[*68] そして、鈴木の戦前における著作は、GHQ民政局長コートニー・ホイットニーにも英文要約が届けられていた。憲法研究会草案についての政治的評価は、国務省へ一九四六年一月二日に送られたが、自由主義者として評判の高い独立した個人の見解を代表するものと明記され、政府の提案はこれとかけ離れて著しく保守的になるはずと的確なコメントが付されている。興味深いのは、社会党右派の平野力三もこの草案を「七〇パーセント社会党、三〇パーセント共産党」のものと評しており、憲法研究会がラディカルすぎると、前述した鈴木義男以外の社会党員も警戒していた点である。[*69]

結局、日本政府の側で準備していた松本烝治国務大臣による「憲法問題調査委員会試案」は一九四六年二月一日、毎日新聞にスクープされ、その保守的性格については日本国内ですら評価が低かった。大半の政治家、憲法学者が現状維持を志向したのに比して、新聞各社の方が憲法研究会草案に好意的で、どうして天皇制廃止を規定しなかったのか、といった質問も多かったという。占領当局が民間草案に早くから注目していたのと異なり、政府側はそれらを歯牙にもかけていなかった。事実、GHQ草案は憲法研究会案と共通する内容を多くふくみ、スクープされた「松本案」にどれだけ民意が反映されていたかについては、そもそも疑問が残る。少なくとも守旧的な「松本案」のみならず、代表的な憲法学者を集めた内閣の憲法問題調査委員会は、内外の人々を納得させるような提案を出せず、現行憲法の内容にもっとも近かった日本側草案は憲法研究会の草案であった。さらに憲法草案の公表と並行して、高野は中国から帰還した野坂参三を歓迎する一九四六年一月二五日の集会で共和制を主張し、民主的憲法制定会議の開催を提唱すると同時に天皇の戦争責任にまで言及した。三月九日には、山川均の唱えた社共両党、労組、農民組織、文化団体、言論機関を糾合する民主人民戦線の世話人会に大内兵衛、森戸辰男、細川嘉六、長谷川如是閑、末弘厳太郎らと参加していく。高野の政治的試みは、戦前と同様の対立から革新陣営右派の反対で頓挫するが、老境に入りようやく彼が待ち望んできた自由な言論状況が出現したのである。[*70]

敗戦による一大変化にも拘わらず、高野個人の目指した共和制や人民戦線といった政治構想が挫折していくだけでなく、憲法研究会や民主人民戦線の主張していた人民自身の手による憲法制定も、実際は無視される過程をたどる。極東委員会が戦犯リストを作り始めるという国際情勢の下、GHQは天皇の訴追を避けるためにも新憲法の制定を急ぎ、憲法研究会草案を参考にした独自案を提示した。そして、政府が受諾しない場合には国民に直接草案の信を問うとまで迫り、皮肉にも結果から見れば、当時の政府を始めとする守旧派勢力が示していた改正案より、はるかに民主的な政府案が一九四六年三月五日、「憲法草案要綱」として発表されたのである。ただし、日本の指導層が天皇制を万世一系の独自な歴史的実体と考え、その維持に執心したのと呼応するように、政府案ではGHQ草案に存在していた外国人の人権保護に関する規定が削除された。民主人民戦線の「暫定共同綱領」では、「在日朝鮮人、中国人、沖縄人」の政治・経済・社会・文化的活動の自由が唱えられていたのと好対照をなしている。結局、天皇を戦犯から除外するという点で一致する日本政府とGHQは、憲法の個別内容を直接民意へ問いかけず、国体護持に関心を集中させた議会審議へと邁進していった。恐らく高野は、憲法の内容については比較的満足しつつも、制定プロセスには不満をもっていたと思われる。こうした推移から、彼はその最晩年に憲法の理念を伝えつつ、人々が直接憲法を活性化させる方途に心を砕いていく。[*71]

(2) 戦後初代の日本放送協会会長

一九四六年初頭、GHQから日本放送協会（以下NHK）の再組織が指示され、荒畑寒村、馬場恒吾、岩波茂雄、宮本百合子、滝川幸辰など一七名からなる放送委員会が発足し、NHK会長候補の選任を行なった。三人の候補の一人となった高野について、理事会が高齢を理由に難色を示したが、当時の首相が東大同期の幣原喜重郎である以上、問題はないと退けられ高野の会長就任は実現した。幣原と高野は明治二八年に東大を卒業し、「二八会」という同期会に所属し、毎月の会合で頻繁に会っていたという。それだけに両者の間では率直な政治的意見交換が行なわれており、憲法研究会草案についても鈴木安蔵によれば、高野は天皇が国家的儀礼のみに従事する方が、むしろ大権を保持するより皇室の安泰には好都合ではないかと主張し、幣原は国家的儀礼だけでは困ると、高野の草案を行きすぎと指摘していた。[*72]

この幣原と高野をめぐる鈴木安蔵の証言には別のバージョンがあり、以下の会話が二人の間でかわされたと鈴木は書き残している。幣原は高野と会長就任について打ち合せた折、「天皇制廃止では困る」と述べ、高野は「自分は共和制を主張したが、公的には憲法研究会として国家的儀礼を司る天皇はみとめている」と反論したが、幣原は「たんに国家的儀礼を司る存在では困る」と苦笑したという。そして、「東大以来の仲だから君のことはよくわかっているが」と語り、就任が内定したと鈴木は記している。[*73] さらに就任間近のある日、幣原は「しっかりやって下さい、ただ君の共和論は困るから、あれだけはやめてほしいものだ」と言い、高野は「天皇制廃止はおれの持論だから、やめるわけにはゆかないね」と答え、幣原が「それは弱るな」と返すと、高野は「そんなに君がこまるなら、公の席で共和論をとなえることだけは遠慮しよう」と応じたという。[*74]これらのエピソードは二人の交流をよく伝え微笑ましいが、同時に幣原首相が共和制の主張をいかに懸念していたかを理解できよう。むしろ幣原は、高野が民主人民戦線などで天皇制廃止を主張し続けるより、体よくＮＨＫ会長に祭り上げて口封じができ、ホッとしていたのではないか、という憶測も可能である。

ただ逆に、幣原の方も憲法改正が彼の意に反して象徴天皇制へと傾いていったとき、これが単なる「押しつけ」ではなく、はるかにラディカルな高野に代表される潮流も自覚していたのである。三宅晴輝も、幣原が存命中、現行の平和憲法がマッカーサーの「押しつけ」憲法ではないと主張していたのは、高野の草案の話を聞かされていたためだろうと指摘している。こうした「押しつけ」を否定する論旨は通常、第九条の幣原発案説などで主張されるケースが多いだけに、高野と憲法研究会の位置づけも考慮に入れた場合、より幅広い憲法制定をめぐる議論が展開できるかも知れない。[*75]高野は一九四六年四月三〇日のＮＨＫ会長就任の挨拶で、まさに憲法が人々の手によって制定されなければならないのと同じ発想から、公共放送が大衆に号令、強制するのではなく、大衆とともに歩み、大衆に奉仕するべきであると表明した。それでも付言して、大衆に媚び、ただ従うのではなく、民主的、進歩的指針を守る前提の下、不偏不党の立場を強調している。[*76] 高野はＮＨＫ会長時代に限らず、自らの地位を利用して相手に意見の変更を強要する態度からはもっとも遠く、他方で自分の主張を個人として明確に述べる原則は曲げなかった。

高野が同世代の知識人と比べて優れていると思われるのは、ＮＨＫ会長就任の挨拶においても、自ら過去の偏見にこだわらず、新たな地平へ向かっていく姿勢を見いだせる点である。一八九六年一〇月二五日に彼は、「職工組合に就て」という演説を行なった際、女性が「其性質上」労働条件を改良していけず、「婦女子が結んだ職工組合は旨く往かない」とまで発言していた。しかし、この演説から約半世紀を経て七五歳になる高野は、女性を「軽侮することを矯正し、封建的思想や風習を取り除き」、女性が社会事業に関心を高められる特別の配慮をしたいと主張するに至っている。[*77] たしかに、高野の共和国憲法草案における「文化及ヒ科学」の章は、教育、文化の享受について男女間に差異を設けてはならないと記すに留まり、研究会草案の「男女ハ公的並私的一切ニオイテ完全ニ平等ノ権利ヲ有ス」という条項にはおよばない。ただし、彼の思想的ラディカリズムは憲法制定をめぐり加速され、自由、平等へと通じる変化に対して前向きであり続けた。

事実、高野は旧弊を改めるのに積極的で、会長就任後、ＮＨＫの首脳部を一新し、事業発足以来、二〇年にわたり経営を握っていた逓信官僚出身者は退陣させられた。加えて、一九四六年一一月に新憲法が公布されると、彼の共和制論は控えられていたものの、その前後の時期には、講演・講座番組を使って新憲法の精神や意義を普及させようと努力していく。[*78]

NHK会長就任後、共和制の主張については封印した高野だが、一九四六年五月号の『新人』には「新時代の教育について」という論考を掲載している。そこでは小学校について、以下のように明言している。「日の丸の国旗にたいしあるいはまた皇居の方向に向い最敬礼を強うるがごとき、児童の自然的なる心情の発露に待たずして、ひたすら空虚なる形式を追わしむるに急なる従来の弊風は断じて真の民主主義を育成するの途ではない。[*79]」高野にとっては教育も公共放送も、民主主義の新時代を妨げる旧弊の打破に寄与すべきものと考えられていた。さらに、高野らしい試みとしては、放送文化研究所を新設し、放送文化全般の調査研究、職員の労働条件に関する科学的調査に臨んだことがあげられよう。この試みには月島の調査、大原社会問題研究所の経験をふまえた合理的な社会の構成を目指す彼の矜持が感じられる。そして彼は、共和国憲法草案で提示した一切の教育、文化が真理の追究を目的として科学性にその根拠をおくという指針を公共放送の場で実践する覚悟を示している。[*80]高野は自ら誓いを立て、「政治上には平和と自由を愛し、経済的には文化人らしき生き甲斐ある文明生活の福祉に浸り、清新穏健なる文化を享受し、ひたすら真理と真実を追究して止まざる精神を造りあげ」、世界から歓迎されるような一員となるべく、放送協会の仕事に全力を傾注すると、彼の会長就任に尽力してくれた岩波茂雄の追悼記念会で、一九四六年五月二一日に語っている。[*81] まさしくこの表現は、生存権をさだめた憲法の規定が引照されていたのである。

ところが、彼の人生は最後まで波乱万丈のままであった。一九四六年九月二七日、日本放送協会従業員組合は協会当局に、読売新聞、北海道新聞の争議解決、労働協約の締結、待遇改善の三要求を突きつけ、ゼネストも辞さない旨を通告した。当時の組合運動は、共産党が政治的に主導する産別会議の影響下にあり、高野のスト中止要請は無視され、一〇月五日、ラジオが一斉に休止される。状況は悪化の一途をたどり、国家管理という異常事態を迎え、組合員の中には「労働運動の父・高野岩三郎を葬れ！」と叫んだり、高野の自宅付近にそうした嫌がらせのビラを貼ったり、カロリナ夫人を脅したりする者まで現われた。他方、協会役員の間では第二組合工作に走る動きも出始め、団体協約をめぐる交渉は難行した。それでも、高野は協会内で見つけた組合ニュースや檄文にも日を通し、「あの文句はなかなか良い」とか、「こんな時にああいう文書を書いてはダメだ」などと評していたという。彼は組合の動向を見守りつつ、外からの圧力に屈せず、自らが設定した原則を維持し続けた。ついに一〇月二三日、高野は「専制より脱し自由独立を叫べ」と呼びかけ、「放送人としての責任感を持つ者は四十八時間以内に部署にかえれ」と声明を発した。[*82]

高野の勧告後、アナウンサーなどから就業声明が出され始め、組合も全員就業を指令するに至った。当初より協会側は経済的要求を全面的に認めていたため、労働協約に関してはスト終結後、改めて協議するという高野の終始一貫した主張が通った形となる。たしかに彼の頑固な態度は、現段階での労働運動は政治的主張より経済的要求を優先すべきである、といったパターナリスティックな発言にも見受けられよう。ただ、これに対する労組側の行動も、組合員の自主性というより、組合指導部のトップダウンによる政治的主導性が悪影響をおよぼしていた側面は否定できない。[*83] 一〇月二五日に高野が協会の理事、部課長を説得する際、立ち会った彼の女婿でもある宇野弘蔵は以下のように冷やかしている。「あれだけの大争議をわずか二時間の交渉で終わらせるなんて、シロウトでなけりあできん芸当だね。じいさんも無茶するね、まったく。[*84]」放送ストが一応解決した後の記者会見では、高野は舌がもつれ筆談を要するほどだったが、なお将来のあるべき健全な漸進的組合活動の理想を述べて倦まなかった。党派的攻撃にさらされた後でさえ彼は、社共両党の提携を前提として組合の政治運動も肯定し、反動勢力に対抗すべく議会を通じた闘争へ向け、改めて単一かつ強力な組織の必要性にさえ言及している。長年にわたり労働運動のオーガナイザーとして経験を積んできた高野は、疲労し切った状態でなお、憲法にもようやく明記された労働権の社会的実現に期待をよせたのである。結局、争議を起こした日本放送協会従業員組合は、多数の脱退者を出して一九五〇年の夏頃に消滅し、一九四八年に結成された日本放送労働組合が一九五〇年には職員総数の九四・五%を組織するまでになった。[*85]

高野の人生はまさに組合や政治のプロとしてではなく、「シロウト」として愚直なまでに労働運動と民主主義の発展を信じ続けた軌跡であったといえよう。逆に、憲法の「シロウト」であったが故に、憲法研究会は憲法学の権威たちが想像できなかった明治憲法の根本的改変を提言できたのである。しかも彼は終生、共和主義者として、宮中に招かれても参内しなかった。数多くの「社会主義者」や、爵位勲章を否定する草案を作った憲法研究会の関係者でさえ、皇室に関わる栄典を後に欲していったのと比べ、高野は志操堅固かつ理論と実践の齟齬が少なかった。だが、高野の傑出していたのは、言論弾圧に怯むことなく学問的孤塁を守った点ばかりでなく、オーガナイザーとしての才覚を発揮し、彼の周りに様々な思想的背景を有する優れた協力者、支持者を集め続け、大同団結へ向けたコミュニケーターの役割を果たした点であろう。最晩年を迎えてなお、高野は健康が回復したらアメリカに渡り、労働運動の実態を調査したいと抱負を語っていたが、こうした飽くなき向上心は、彼の広汎なネットワーク形成に寄与していたと考えられる。一九四九年四月五日、高野は七八年の生涯を閉じたが、葬儀も無宗教を旨とした彼の遺志に沿って行なわれ、日本人としては稀有なノン・コンフォーミストの姿勢を最後まで貫いている。[*86]

初期の労働運動、無産政党に関わった人々にはキリスト教的人道主義を奉じた事例が多い中、高野岩三郎は真理の科学性にこだわりつつ、他方で教条的マルクス主義にも没入しなかった。彼は強圧的な国家権力と戦争を嫌い、明治天皇には親しみと敬愛の情を抱きつつも、天皇制というシステムが民主主義の徹底を妨げると確信していた。[*87] 恐らく高野はさらに長生きをしていたとしても、愛弟子の大内兵衛、森戸辰男のように勲一等を自ら進んで受けなかったと推測される。また、高野の形成した革新的な社会・政治空間につながる多くの人物は、超国家主義の席巻した戦前期もしくは冷戦の進展期において強烈な反共主義者へと転じていったが、少なくとも彼自身は社共両党の連携と最終的な労働戦線統一を着実に目指そうとした。もし高野の健康が回復してアメリカ留学がかなっていたとしたら、マッカーシズムに対して彼の反骨精神が燃えあがって、新たな自由への闘争を開始したのではないかとさえ想像される。

高野が追い求めた民主主義の理想は、弱い立場におかれた人々自身による公正と平等の実現にあり、彼のオーガナイザーとしての努力も、そうした目標へ向かって傾注されていた。彼が立ちあげた組織は、月島調査所、大原社会問題研究所、憲法研究会のいずれもが平和的手段を駆使しつつ、地味ながら個々の社会・政治的局面において重要な役割を果たすことになる。そして高野が労働運動、革新政党、ＮＨＫに関わっていったのも、それぞれ時代の要請を意識しての決断であった。そのうちの一つでも一人の個人には荷の重い仕事ながら、高野は外的な困難に直面しても、知のオーガナイザーとして実現可能な解決策を手堅く遂行していった。加えて彼は、目指した方向性、実現した内容のみならず、そこへ到達していく手段も民主的であるべきと考えていた。高野は高齢になっても、人々が暗い戦争のトンネルを抜け、平和の下、健康で文化的な生活を享受すべく、コミュニケーターとしての能力を公共放送の場で遺憾なく発揮したといえよう。

本章で論じてきたように、高野の漸進的思想と研究・啓蒙活動は、多くの人々を巻き込みながら、戦後の憲法と民主主義を支える伏流となった。彼の真骨頂がこうした伸びやかなネットワーク形成にあったのと同様な意味から、高野という「英雄」が一人で憲法の基本理念を作ったわけではない。むしろ、彼に連なり結びついていった多様な諸個人は、ときに高野の信条と一致しない部分を自覚した場合でも、小異を残して大同につく試みを繰り返した。その中で自由、平等、平和を追求し続ける過程と帰結にこそ、戦前の抑圧的構造を乗り越える新しい憲法と民主主義の要諦が存在する。運動、思想、学問への弾圧が猖獗を極めた時期に終始、将来の民主的社会・政治構築へ向けた在野の努力が続いていた様子は、とりわけ息をひそめていた人たちにとって、闇夜の灯火であったかも知れない。高野と彼のネットワークに関わった人々の個別的主張が、今日の状況にそのまま当てはめられないとしても、日本において主体的な形で新憲法の理念形成とその制定プロセスにこだわったラディカルな民主主義者たちがいた事実は、見逃せないと思われる。

第四章　民主共和国への孤独な伴走者

――ウンベルト・テッラチーニの公正な法治と寛容をめぐる闘い

ウンベルト・テッラチーニは、イタリア共和国憲法の第一署名者である。制憲議会議長として公正な議事運営に努め、保革を問わず多くの議員から尊敬され、憲法草案の最終議決時には、彼が投票する際、議場では記者席もふくめ長い賞讃の拍手が鳴り響いたという。しかし、テッラチーニの人生は困難の連続で、憲法可決を機に「共和国の父」として祭り上げられた後は、彼についての著作も限られたままに留まった。「反対する人」を貫いたテッラチーニは、「難しい、やっかいな」存在として、所属した共産党の党史においても、あいまいに位置づけられている。一九八三年の死後しばらくして共産党文書、彼の個人文書を利用した若干の回顧的論文集などが公刊されたものの、二〇〇五年のロレンツォ・ジァノッティによるアンソロジー風の伝記をのぞき、包括的にテッラチーニの一生を論じた単著も存在しない。[*88]

テッラチーニの除名に異議を唱えて、自らも一度は共産党を追われたカミッラ・ラヴェーラは、憲法の大半がテッラチーニの作品であると評した。制憲議会議長としてテッラチーニは、「絶対的正確さで、どの言葉も案も彼が目を通し」、批判や疑問にも目配りをしていたと彼女は語っている。ただし、一九四七年二月八日の議長就任後、テッラチーニは公正な仲介役に徹したため、個別の起草作業に携わらなくなり、表舞台にその名前が登場することは少なくなった。憲法史の文脈でも、具体的な条文の起草者たちに関心が集まり、起草段階の前からテッラチーニがおよぼしていた様々な影響について論じる著作はほとんどない。こうした研究動向の偏りと対照的に、テッラチーニは議長に選出される以前より、憲法制定に関する準備委員、憲法委員会副委員長、第二小委員会委員長として、法曹界の重鎮たちに伍して多くの発言、提案を行ない、後に条文化される憲法の実質的内容にも彼の意見が反映されていた。[*89]

以上の憲法制定史における空白部分をふまえ、ここではテッラチーニの制憲議会議長就任までの活動に叙述の重点をおく。そして、長いタイムスパンで彼が憲法に関する自論を醸成し、その制定へ影響を与えた経緯に注目する。本章は、テッラチーニの「難しい、やっかいな」軌跡をたどりつつ、多くの人々との接触により彼自身も政治・思想上の変遷をとげながら、複合的な憲法理念へ到達していったプロセスに迫っていきたい。その歩みは民主共和国への孤独な伴走者と呼ぶにふさわしく、戦後イタリアの立憲主義と民主主義の展開を知る一つの指標となろう。

ウンベルト・テッラチーニは、一八九五年七月二七日にジェノヴァでユダヤ人の家庭に生まれた。一歳上の兄と二歳下の妹をもち、五歳のとき技師であった父が亡くなりトリノへ移り、カンテラやテーブルクロスの欠けた食卓に友人を連れてこないよう告げられる。祖父の代はパン、服の行商に従事していたが、親族が旧市街に大きな店を所有し始めると、無産者階級への恐れも強まり、彼の母親は労働者の集会所に近づく際、足早に通り過ぎたという。こうした家庭環境を背景としながらウンベルトが社会党へ接近していった契機は、一九一一年に始まるリビア戦争であった。高校での教師もふくむ好戦熱、ナショナリズムに反発し、戦争への恐怖、その支持者への嫌悪、その犠牲者への同情が政治活動の原点となった。[*90]

テッラチーニを社会主義運動に勧誘したのは、彼より貧しい鉄道労働者の息子で、同じ高校に通っていたアンジェロ・タスカであった。彼らはともに『オルディネ・ヌォーヴォ』（*L'Ordine Nuovo*）の創刊、イタリア共産党創設に関わっていくが、後にタスカは党内右派として追放される。テッラチーニは、一九一四年八月三〇日に社会主義青年同盟県大会で第一次世界大戦への参戦に反対する演説を行ない、一九一六年七月にはピエモンテ州社会主義青年同盟の書記長に抜擢されていく。タスカとテッラチーニは、パルミーロ・トリアッティとアントニオ・グラムシが参戦主義に傾いたのと異なり、大戦中も反戦論者として一貫していた。加えて、テッラチーニは一九一四年九月に逮捕された後、前科者が配属される第七二連隊へ送られた。タスカ、トリアッティ、グラムシが実際には前線へ向かわなかったのに対し、将校への昇進を拒否したテッラチーニは各地を転々とさせられ、作戦区域での軍務にもついている。テッラチーニは、復員後も除隊証明書を得られぬままトリノ大学を卒業し、一九一九年一二月より弁護士事務所で働き始めたが、兵士の政治活動禁止規定を無視して労働運動に邁進する。[*91]

当時のトリノ周辺における労働運動は、戦争や目まぐるしく変化する政治情勢の中で活性化していた。リビア戦争に賛成したビッソラーティやボノーミを一九一二年七月に社会党から除名した非妥協派のムッソリーニは、第一次世界大戦時に介入主義者へと転じ、ファシズム運動を起こし、一九一九年四月には自身が編集長も務めた社会党機関紙『アヴァンティ』(*Avanti!*)のミラノ編集部を放火するに至る。他方、トリノでは金属機械工業労働組合を中心として、一九一九—二〇年の「赤い二年間」を先導する運動が先鋭化した。社会党内にブルジョア出身の若者が少ないことを懸念したタスカは、インテリ青年層の組織化を試み、テッラチーニもその一翼を担ったのである。当初、引っ込み思案で身なりも正しいテッラチーニは、演説でダンテを引用するなどスノッブな態度が目立ち、後に自己批判している。それでも、多くの学生が圧力に屈せず、文化活動でも重要な役割を果たすにつれ、労働者も若き知識人たちを信頼するようになった。[*92]

同時期に「自由主義革命」を目指す言論活動に没頭していたピエロ・ゴベッティは、テッラチーニを評して「理論家というより政治家、デマゴギーには反対で、貴族的。暴力的雄弁とは対極。繊細な思索者。勇敢や強情に連らなる言動への固執。外交官、マキァヴェッリ的ではあっても無味乾燥な孤立とは無縁」と描写している。これはテッラチーニについての鋭い洞察だが、テッラチーニを取りあげた二つの論文集に深く関わった研究者のアルド・アゴスティは、権謀術数や「貴族的よそよそしさ」はトリアッティに当てはまるとして、テッラチーニの市民的、政治的情熱と道徳的品位が彼の敵対者にさえ尊敬の念を抱かしめ、一般党員からも愛されていたと指摘している。[*93]

以下、反戦論を頑固に守る中で示されたテッラチーニの一貫性と、厳しい政治状況に対応していく柔軟性を、「異論者」たちのネットワークという文脈から検討する。彼は戦前において、「過激主義者」の烙印を押されながら民主主義にこだわり、反ファシズムの闘いの中でも少数者として信念を曲げず、戦後のラディカルな憲法へと希望をつないでいった。そこで、テッラチーニと新憲法が結びつく問題に焦点を絞り、多様な彼の人的つながりにも目を配りながら、ファシスト・イタリアから社会的な民主共和国へと転換していく過程を考察したい。やや論旨を先取りすれば、ファシズム前夜から戦争の時代にかけて、彼は左翼のオーガナイザーから孤高も厭わぬコミュニケーターへと転身をとげ、戦後は多様な異論派ネットワークの蓄積を十全に使って、新憲法の守護者となっていったと総括できよう。

1　法的正義を志向する「過激主義者」

(1)『オルディネ・ヌォーヴォ』グループ

一九一九年五月一日、グラムシ、タスカ、テッラチーニ、トリアッティが発起人となり、社会主義文化の雑誌として『オルディネ・ヌォーヴォ』が創刊された。テッラチーニは大学時代、タスカを通じグラムシと知り合い、グラムシは二人に社会主義運動へ入る前のトリアッティを紹介していたが、雑誌の編集室ではさらに多くの人々との交流が展開されていく。テッラチーニは投稿によりタスカと並ぶ著名な存在になっただけでなく、労働者の主体性に力点をおく姿勢が強められた。工場評議会の設置と並行してロシア革命の影響を受け、一九一九年の夏にはストライキから工場占拠へと運動は急進化し、イタリア全土で約五〇万人の労働者が工場に立てこもった。一九二〇年九月には、政府側も労働攻勢に譲歩して工場における労働者の代表権を認めたが、テッラチーニは単なる協議会から労働組合を企業活動の積極的参加主体と認めるよう要求する。

彼は従来、社会党の推進する労働運動が条件闘争に留まって、政府・企業側に取り込まれていった経緯を反省し、発想の転換の方途として、「道徳的、知的革命」を主唱していった。*[94]

この工場占拠という労働者の自主管理によって勝ち取った代表権は、イタリア共和国憲法（以下、憲法）第四六条をめぐり、企業管理へ労働者がどれだけ参画するかという論争にも反映されていく。新憲法起草時にテッラチーニは、北イタリアの解放途上において発生した管理協議会を直近の歴史的経験と見なすだけでなく、まさしく一九一六年六―九月の内部委員会、工場評議会を生産管理に労働者が直接参加する端緒と考えていた。そして彼は、憲法第三条第二項に明記される政治・経済・社会的組織への労働者の実効的参加を重視し、積極的に発言したが、一九四七年二月の議長就任後は中立、公正な姿勢を守り、全面的な対決を回避していく。結局、一九四七年五月における左派政党の閣外放逐と軌を一にして、憲法第四六条の「企業管理参加権」の文言は「企業管理協力権」に変更された。さりながら、『オルディネ・ヌォーヴォ』グループが、党内においてさえ「危険視」された少数集団であっても、むしろ党の先見的指針を示していった如く、テッラチーニは、「労働に基礎をおく民主共和国」（憲法第一条第一項）で目指す参加とは管理、運営、決定への参画を意味すると、戦前から戦後を通じて主張し続けたのである。*[95]

イタリア共和国憲法は、社会的民主主義を奨揚し、自由権の回復と同時に社会権実現へ向けた市民の主体的参加を根幹理念として謳っている。これにともない、新たな行動主体が様々な政治的組織や労働組合から登場してきた。ところが、ファシズム体制崩壊直後のイタリアでは、労働者の地位はいまだ不安定なまま、企業側が活動家を狙いうちにして解雇するケースも頻発していた。こうした情勢から、共産党の労働組合指導者ジュゼッペ・ディ・ヴィットーリオは、憲法にストライキ権を明記するよう主張した。この提案擁護こそ、テッラチーニが憲法制定について討議した最初の公的記録の一つとなっている。保守系の委員は、憲法ではなく労働関連法によりストライキを規定し、しかもストライキ権に条件を課そうと試みたが、テッラチーニはこれに反対して保守側の修正提案を僅差で否決し、憲法第四〇条に規定が設けられた。しかし、その条文にはストライキ権を規制する法律の範囲内での行使が記され、憲法の文言でストライキ権が確認されたという以上の成果を獲得することはできなかった。[*96]

憲法制定期の起草をめぐる確執と違い、第一次世界大戦後のイタリアではファシストの「懲罰遠征」や政府の暴力的抑圧が増大し、プロレタリアート側のみが死傷者を出す事件も多かった。「赤い二年間」は、少なくとも革命という観点からは失敗に終わり、『オルディネ・ヌォーヴォ』グループも、それぞれ異なる方向を模索し始める。トリノでストライキが活性化した際、テッラチーニはグループを代表してストライキを全国レベルにまで拡大するよう主張したが、党中央の指示からストライキの沈静化を図る役柄にやむなく転じながら、社会党との溝を深めていった。当時テッラチーニは、『オルディネ・ヌォーヴォ』グループの著名な活動家になっており、社会党指導部内でもっとも若いリーダーとして嘱望されていた。地方選挙でも、タスカやトリアッティが落選する中、青年層から多くの賛同を得て当選を果たした。だが、社会党は労働者の工場占拠に呼応しないまま、なお革命を唱えるという矛盾した待機主義から脱せられず、革命派、改良派のいずれも満足させられなかった。一九二一年一月二一日、リヴォルノにおけるイタリア社会党第一七回党大会の最終日に共産党が創設され、テッラチーニ、タスカ、グラムシ、トリアッティはこれに合流する。テッラチーニは、『オルディネ・ヌォーヴォ』グループから選出された唯一の中央委員となった。さらに、ファシストの暴力的攻撃を避けるため社会党は、政府との間で「平和協定(patto di pacificazione)」を結んでしまい、反ファシスト運動の武装解除を拒否する人々が非合法化され、共産党との協力は望むべくもなくなった。[*97]

『オルディネ・ヌォーヴォ』グループは、共産党支持層が労働者、農民に偏る状況のもとで、党における知識人集団の中核をなした。グループのメンバーは、ロシア革命の道程をイタリア独自の形でたどるという自律的な政治構想を模索した。たとえば、生産関係の構造に着目し、建設的な言葉による革命プログラムを作ろうとしたが、とりわけテッラチーニは旧世代の特徴となっていた教育、短期的プログラム、ナショナリズムに固執する趨勢から距離をおくことになる。彼はグラムシとともに、コミンテルンからの支援を期待しつつ、社会党とのブロックを目指す党内右派に転じたタスカと対立していった。同時にテッラチーニは、社会党との統一戦線を提唱するソ連・コミンテルン指導部に異を唱え、グラムシからも批判されていく。この時期のテッラチーニは、党指導部のオーガナイザーとしての自覚が強く、党内外で論争を続けた。他方、レーニンらボルシェヴィキ首脳部は当初、二一カ条を示して改良主義者の放逐を要求していた。ところがコミンテルンは、イタリア共産党と社会党の分裂が決定的になると、今度は統一戦線を志向する社会党内の人物へ資金さえ提供するといった自家撞着の画策を繰り返したのである。[*98]

こうしたソ連側との齟齬がもっとも顕在化したのは、一九二一年六月から七月にかけてモスクワで開催されたコミンテルン第三回大会であろう。テッラチーニは、アマデオ・ボルディーガに次ぐイタリア共産党ナンバー・ツーとして出席したが、トロツキーはボルディーガとテッラチーニを「革命の焦燥」として、社会党との再合同が不可能と断じる二人の見解に厳しい評価をくだした。テッラチーニは、受動的段階から積極的行動へと導く攻勢理論に基づき社共分裂がなされたと反駁するが、レーニンは極左ドクトリンとしてテッラチーニを「過激主義者」と非難している。これに対しテッラチーニは、統一戦線が共産党のプログラム放棄につながり、資本家の国際的な攻撃が強まる中、プロレタリアートが給与、労働時間、組織の自由など個々の案件でバラバラに部分的な行動をとるだけでは対抗できないと主張した[*99]。反論に立ったトロツキーは、「我々は偉大な明日に向け、今は準備のため分裂している」というのは、あり得ないと難詰する。結局、伊仏西三国の代表が賛成しないまま、統一戦線拡大の動議はコミンテルンで可決された[*100]。

レーニンは一連の議論に関し、「ロシアにおける三年の偉大な革命を通じて、ヨーロッパの共産主義運動は何も学んでいない」と慨嘆したが、ソ連側の一方的な方針の押しつけが摩擦を生じさせていた点には無頓着であった[*101]。その後もコミンテルンは、イタリア共産党指導部に揺さぶりをかけ、党内少数派を意図的に支援するなど干渉を継続していく。この間、党内指導部における反コミンテルンの姿勢を批判したグラムシはモスクワへ派遣され、彼をイタリアから遠ざける意図が働いたという説さえ登場した。逆に、コミンテルン側が非妥協的なボルディーガを排除した後の指導者としてグラムシを取り込もうとしていた、という反対の解釈も存在する。さらに、グラムシ派遣を推薦したのがテッラチーニであったという話が付加され、国際的な権力闘争を強調する指摘さえ散見される。しかしモスクワでは、テッラチーニはグラムシの病気を気遣い援助を惜しまなかったし、療養中の彼に代わってコミンテルンの仕事を引き受けていた。コミンテルン事務局内の最重要セクションとなっていたラテン部門（伊仏西白葡五カ国を統轄）で、グラムシの代わりに働いたテッラチーニは、情報を整理し指令を書きあげても、外国人は形式的責任のみを負わされ、ロシア人が実質的決定を行なっている状況に直面した。[*102] テッラチーニが民主集中制に疑問を抱き、市民参加を重視する方向に変わったのは、こうしたモスクワ経験も大きかったのではないかと推察される。

テッラチーニから見れば、政策論争以上に、強圧的な政治圧力を予感させる異論派排除の動静こそ、彼がその後もソ連との軋轢を繰り返す原因になった。それでも、テッラチーニが回顧しているように、彼のモスクワ滞在当時は路線対立が議論の俎上に載せられていただけ、まだましで、やり込められたトロツキーについても民衆、若者の間での支持が高かったと冷静に分析している。ソ連側も、一九二四年一月二四日のレーニン死去に際しては、テッラチーニをレーニンの「棺の守護者」に選び、度量の広さを示そうとした。コミンテルンについても、グラムシはロシア側が大量で正確な情報を供給していた事実に言及している。テッラチーニ自身、トロツキーやレーニンとの衝突をあくまで各国共産党の間に生じた認識の相違と位置づけ、トロツキーとスターリンの論争に関する文書の公開をソ連へ求め、初期段階では開示が許されたときには、信頼の念さえ表明した。ところが、スターリン時代の到来とともに、官僚化、儀礼化が進み、粛清や強制収容所が自由な発言を圧殺していく一九二〇年代後半以降、テッラチーニとソ連の距離は縮まらなくなっていく。[*103]

(2)　ファシズム体制下の「非合法」

テッラチーニをふくめ主要政治家のほとんどは、権力奪取時のファシストを過小評価していた。ジョリッティに代表される自由主義期の領袖たちは、ファシストを自陣営に引き込み「体制内化」させられると信じていたし、左派勢力も真の敵は旧指導層と考えていた。しかも、一九二四年二月に労働者と農民の新聞という副題の『ウニタ』（*L'Unità*）がグラムシにより創刊されると、五万部の発行部数を記録し、共産党への入党者が倍増し、四月にはグラムシもウィーンにいながら総選挙で当選するという躍進をとげる。この時期になるとコミンテルンは統一戦線の主張を変化させていたが、グラムシはすでに長い論争を続けており、コミンテルンとの関係を悪化させていた。テッラチーニも、クレムリンが方針を道具主義的に変更するやり方へ反発を隠さなかった。こうしてグラムシとテッラチーニは、個人の良心に基づき普遍的理念を共有しながら、政治的、組織的に自律した強い政党の確立に腐心していく。[*104]

ファシストの暴力は、一九二四年六月の社会党議員マッテオッティの殺害で一時的に多くの批判を招くが、言論は徐々に封じ込められ、反政府と見なされた人々への暴行や脅迫が蔓延した。

この時期、ファシストの武装集団に対抗して人民突撃隊が組織されたが、共産党さえ自前の暴力装置編成に消極的なままであった。テッラチーニは、ブルジョアから見れば人民突撃隊が逆に警戒の対象となる危険性を指摘している。党はその後も、ファシスト体制の暴力に対する反撃手段として暗殺が提起された際、テロは良い結果をもたらさないと宣言し、もしファシズム独裁が打ち倒されるとすれば、それは人民の蜂起によるべきと注釈した。ファシスト側の合法・非合法的暴力への対応が定まらぬうちにテッラチーニは逮捕され、一九二五年七月から六カ月間の拘束を受けた後、さらに一九二六年九月から一九四三年八月まで長期の獄中生活を強いられる。反ファシストの一斉検挙と並行して、一九二六年一一月には政治的流刑と特別政治警察の制度が導入され、「国家防衛」を目的とする特別裁判所が設置された。ファシスト党以外の政党、政治組織は解体され、その翌日には議員特権を有していたはずのグラムシを始めとする一五人中一二人の共産党議員が逮捕されている。特別裁判所は四六七一人を有罪としたが、そのうち四〇三〇人が共産党員で、総計二万三〇〇〇年の拘禁刑が科せられた。[*105]

司法当局は、テッラチーニの逮捕時には旧刑法で存在していなかった「国家防衛」に関する法律を遡及して利用するかで混乱し、各管轄裁判所は責任をなすり合った。結局、いくつかの刑罰を組み合わせて刑期を長くする試みがなされたが、ファシスト側はそれだけでは不十分と考え、内乱罪を適用する。一九二八年六月四日、特別裁判所の最終公判日、テッラチーニは外国紙の取材陣を前に、強力な全体主義国家が軽蔑され迫害されてきた小さな政党を恐れ、その最良の人々を殺害あるいは投獄してきたと証言した。そして、これが政治裁判であり、共産党員たちは憎悪の扇動、内乱教唆の罪で訴追されているが、むしろ法廷が社会階級の憎悪をかきたてていると批判している。[*106] 最後に、彼は以下のように語った。「裁判長殿、裁判官殿、この審理は昨日あなた方が祝砲や祝鐘で飾り立てていた憲法八〇周年に値するものなのでしょうか。」銃剣に守られファシスト典礼に沿って公判を指揮した裁判長は、テッラチーニの発言を打ち切らせ、裁判を終了させた。グラムシをふくむ党幹部の中で、テッラチーニは最長の刑期二二年九カ月五日を宣告される。[*107]

訴追された共産党員たちの大半は三〇歳以下で、しかも労働者、農民が多く、知識人は少数であった。これ故、弁護士資格を有するテッラチーニは、一九三〇年代に入っても、被告たちのために法廷で発言する機会がめぐってきた。内務省、法務省は彼を説得的な弁論を駆使する危険人物として、監視の強化を怠らなくなる。テッラチーニは、モスクワで知り合い結婚した妻のアルマ・レックスの写真さえ取りあげられながらも、彼女の献身的な行動に支えられる。レックスの救援活動もあって、一九二〇年代末に彼が健康を害した際には、各国紙はテッラチーニ、グラムシの待遇改善を訴え、監獄サナトリウムへの移送が実現した。[*108] テッラチーニは苛烈な獄中経験から、解放後には更生を刑罰に優先させ、非人道的な処遇に反対する議論を展開していく。とりわけ憲法の起草をめぐり、刑期がある一定の限度を越えれば更生の意味合いは失われ、進行する野蛮になるとして、一五年以上、自由を剥奪する刑罰の禁止を提案する。制憲議会における保守系の委員たちも、彼の雄弁さと誠実さに敬意を払い、その趣旨を却下しない形で刑法改正へ委ねることに同意した。[*109]

また、特別裁判所が司法のファシスト化を象徴し、裁判長にも将軍がすえられていた事態から、一九四三年八月にロンドンで開かれた刑法再建国際委員会は、イタリアについて特別裁判所の廃止および行政令による政治的流刑の禁止などを提言している。[*110] 加えて、テッラチーニは新憲法制定に際し、司法行政、重罪裁判所にも市民が参加できるよう働きかけた。これには保守派から激しい抵抗が寄せられたが、彼は司法の独立と市民の司法参加は両立可能であると粘り強く説得を続け、名誉司法官の条文化（憲法第一〇六条第二項）にまでこぎつける。テッラチーニは法の峻厳さとバランスをとるべく、司法が市民により監視される必要性を説いた。この監視された合法性をファシズムの「合法的暴力」と対置させ、共和国における権利義務遂行の引照基準として、民主主義と立憲主義の連系を試みていったのである。実際ファシズム期には、通常の刑事訴訟法を逸脱した形で彼は「裁かれて」おり、行政や警察が法より重視され、被疑者の基本的権利は顧みられなかった。しかも裁判所は、こうした権力を有する側の違法・脱法行為には目をつぶり、ファシスト政府に追随していたため、テッラチーニの司法改革への熱意が高じたのも当然と考えられる。[*111]

さらに踏み込んでテッラチーニは、違憲の法律をチェックする機関が必要であると主張する。これに対しトリアッティは、ファシズム体制が裁判所から何の抵抗も受けず個人の基本的権利を侵害した状況に鑑みて、共産党第五回党大会（一九四五年一二月―一九四六年一月）で憲法裁判所設置への不信感を隠さなかった。しかしテッラチーニは、第三者機関による合憲性の判断に固執した。憲法裁判所設置反対は、トリアッティが実質審議前に示した数少ない明確な憲法をめぐる意見表明の一つであったにも拘わらず、テッラチーニはほかの小委員会のメンバーにまで働きかけ、憲法裁判所の具体的中身や規則を決めていく。これに対し憲法委員会でトリアッティは、憲法裁判所が民主的議会の上におかれ、その構成員が選挙されたものでないと批判したが、テッラチーニ自身はすでに議長となっており、もはや討議に参入できなかった。さりながら、憲法裁判所はむしろ保守派からの支持を受けて可決され（憲法第六章第一節）、少数派擁護の役割を果たしていった。とくにキリスト教民主党の反憲法的攻勢が強まると、左派にとっても憲法裁判所は「多数派の陶片追放」を抑制し、憲法の実現をうながす重要な制度的保障となっていく。ファシズム期のほとんどを国外で過ごしたトリアッティと異なり、テッラチーニのように同時期の大半を自由喪失状態で留めおかれた者にとって、立法、行政、司法が相互に権力を監視するシステムは切実で、市民自身や第三者が関与しながら、いかにして個人の諸権利を守っていくかが喫緊の課題となった。*112

2　除名された「異端者」

(1)　獄中での自律と追放

社共両党の再統一を頑固に拒否していたテッラチーニが、獄中で年を経るごとに、むしろ保守層とさえ共闘する方向へ転換していったのは何故であろうか。テッラチーニが戦争の不正義、社会の不公正に憤り社会主義運動へ身を投じた原点に立ち返れば、一九三〇年代前半におけるムッソリーニ独裁体制の確立は、反ファシズムを最優先に引き上げさせた主要因と推測できる。また、彼が統一戦線を論外としていた時代の社会党は体制側に妥協を重ね、明確な理念に基づく抵抗運動を遂行できる勢力に見えなかった事情も理解できよう。ただ、後述する人民戦線戦術へ転換して以降のテッラチーニは、強固な抑圧体制の基盤に対抗すべく、広範な連帯を提唱し始める。戦後の状況変化は彼のスタンスを一層変化させ、制憲議会準備委員会に参加した後の国民評議会での初演説は、社会主義への言及も限定的となった。すなわち、戦後体制の基盤を反ファシズムの理念に見いだし、自由と民主主義が進歩的政治プログラムと切り離せないと語ったのである。[*113] 同様にグラムシも民主主義を優先する戦略へと向かっていたが、テッラチーニの場合、「国家の征服（Conquista dello Stato）」より、規範や制度を通して「国家を改革する（riformare lo Stato）」、さらには中央集権的な国民国家を相対化するところにまで視野が拡大していく。この発想が、憲法に基づく民主主義こそ社会紛争を平和的に解決する、という戦後体制の基本姿勢へとつながっていった。[*114]

民主主義が戦略ではなく目標になるという思想上の転機は、皮肉なことに、政治的人間としてはマイナスなはずの獄中期に訪れた。かえって自由の完全な喪失が、共産党発足時から続いていた路線対立の図式を超越させ、テッラチーニの思想を深化させた側面もある。他方、テッラチーニの自律的討議に固執する方向性は、党内の反発を招いており、むしろ幽閉状態の中で党からも除名処分を受けるという最悪の道筋をたどった。しかし彼自身は、意見の相違があったとしても、反主流派の安易な除名には慎重な姿勢を示した。粛清と弾圧が荒れ狂った内憂外患の時代に、寛容でありながら自らの意志を曲げない態度は、自身が批判した「異端派」からも学ぶ境地にたどりついていく。たとえば、テッラチーニが流刑地のヴェントテーネ島で一緒になり、ほどなく離党するアルティエーロ・スピネッリとの微妙な関係は注目に値する。テッラチーニは当初、スピネッリのヨーロッパ連邦主義を社会的計画の要請が無視されているとして、容易に反共主義へ転化される危険性を指摘し、一旦は批判する。そして、連邦の思想がいかに高尚であろうと、経済的見地から社会変革を国内においても貫徹させせない限り、単なる理論に留まるだろうと結論づけた。[*115]

テッラチーニは、レーニンの資本主義における不均等発展論をヨーロッパ連邦主義批判に援用して、社会問題の解決と経済的条件の平等化がなされなければ、政治的理想主義は不毛であると一蹴した印象を与える。ところが一九四一年から一九四二年になると、彼が獄中で執筆した綱領草案には、「戦後になればヨーロッパのナショナリズムは重要性を失う。国際的性格を有する新しいイデオロギーの発展は、主権と独立に基礎をおく国民的イデオロギーを超える」という記述が現われてくる。[*116]これは、スピネッリが離党後に合流したエルネスト・ロッシらヨーロッパ連邦主義者の一九四四年五月に起草した「ヴェントテーネ宣言」に通じる議論であった。彼らは、すでに解放後のヨーロッパを見通し、ヨーロッパへ後のＥＵに連なる連邦構造をもたらす先駆的構想を提起した。ロッシたちは、警察のスパイが入ってくるのを恐れて閉鎖的になっていた共産党と異なり、ほかのグループに対して開放的であったことから、流刑地でも多くの共産党員がヨーロッパ連邦主義者の運営する食堂に出入りしていた。テッラチーニも、党から離れたスピネッリとの友人関係を継続したため、ヴェントテーネ島の党員と「反共」分子との交流を苦々しく思う共産党指導部は、無規律な行動として処分を検討するようになる。[*117]

共産党の中央集権主義は、テッラチーニに無縁であったわけではない。地域自治をめぐる彼の態度も、最初はヨーロッパ連邦主義への拒絶に近い反応を示していた。とりわけ戦前のイメージから、テッラチーニは偏狭な郷土愛や地域主義に懐疑的であった。南部主義を唱えたグラムシでさえ、行政の地方分権と地域の自律性を尊重しつつも、共産党による政治的集中を信じ、連邦より統一を重視している。トリアッティも、前述した憲法裁判所批判を展開した第五回党大会で連邦主義に反対し、イタリアが一つの中央集権的な統一国家として政治的に組織される必要を説いた。しかしテッラチーニは、制憲議会で社会全体の現状が明らかとなるにつれ、自分たちが抽象的な経済決定論ばかりに目を向け、市民個々人の生活に配慮の足りなかった点を自己批判し始める。また、反ファシズム抵抗活動の過程で連邦主義的自治要求は各方面から再燃し、スピネッリやロッシのヨーロッパ連邦運動、自由党のエイナウディなど保守層から発せられた連邦・自治思想をふくめ、テッラチーニが取り入れた発想は多岐にわたった。とくに知事任命制が中央政府の支配を強め、地域における行政・政治・経済の主体性を奪っているという論点は、彼の大学時代からの知己であるエイナウディから学んでいる。事実、テッラチーニは憲法制定期には政党を横断した分権制の議論へ踏み出し、多様な市民社会が権威主義的システムと対峙する自治のあり方を模索していく。*118

一方、保守系のエイナウディも州制度改革については、下からの民主主義を強調しなければならなかった。まして地方自治への市民参加に期待するテッラチーニは、一九七〇年代になっても、官僚主義化した中央集権的国家機構が既得権享受層を動員し、穏健な刷新にさえ敵対していると追及の手を緩めなかった。他方、テッラチーニは、戦前の地方におけるボス支配を考えれば、逆に自治体が排他的権限をもった場合の問題についても配慮せざるを得ず、州による立法権の範囲を制限する（憲法第一一七条）動きも支持していく。つまり彼は、権力を抑制するチェック・アンド・バランスにこだわり、特定の個人が政治機構の中で圧倒的な権力を保持する状況に警戒的であった。それは大統領、首相、知事をふくむ、あらゆる領域へ適用され、権限に一定の枠を設ける点で一貫している。憲法審議を通じテッラチーニは、首相の役割規定（憲法第九五条第一項）について言及した最初の一人であり、大統領の直接公選制にも反対した。彼は民主主義の実質を反ファシズムというスタンスから抽出し、憲法をファシズム体制との断絶を明確にする根幹と捉え、独裁、強権につながる諸要因を抑制する基盤と位置づけたのである。[*119]

ファシズムとの闘いに加えて、テッラチーニが直面したのは、党内での路線対立に端を発した自身の政治的孤立であった。コミンテルン第七回大会（一九三五年七月―八月）は人民戦線戦術を採択したが、イタリア共産党は、社会民主主義さえファシズムと同一視していた従来の方針が抜本的に変わったと受けとめなかった。それまでの路線に関する自己批判もなく、党内はスターリンによる粛清の影響を受け、異端狩りの雰囲気が強まっていく。さらに一九三九年八月の独ソ不可侵条約が締結されるや、各国共産党はソ連が人民戦線戦術すら放棄した事実に目を向けず、政策転換の硬直的あるいは受動的な承認へと再度舵をきった。テッラチーニは、ヒトラーの矛先を東方に誘導する西欧諸国の画策に対する戦略的措置としてなら、独ソ不可侵条約に一定の理解も示したが、それをイデオロギー的教義として信奉することは拒否した。すなわち、西欧とドイツの間で等距離をとる緊急避難の意味を越えて、ブルジョア民主主義をより悪しき敵と位置づける姿勢には一線を画したのである。しかし、コミンテルンやソ連への従属を深めていた党幹部は、人民戦線を自由と民主主義の勝利に寄与する有効な戦術と判断したテッラチーニへの攻撃に腐心し始める。[*120]

逆説的ながら、テッラチーニを除名にまで追い込む策動は、人民戦線を象徴するはずのスペイン内戦で戦った国際旅団に所属するルイージ・ロンゴが、ほかの旅団参加党員とともに、ヴェントテーネ島へ一九四二年に移送されてきた頃から決定的となる。ロンゴは、戦後においてもパルチザンの神話を体現する人物となったように、到着後、程なく島内の共産党リーダーを任じていく。他方、スペインにおける人民戦線戦術の実践は、同陣営内における「異端派」の粛清など過酷な痕跡を残しており、その不寛容さがテッラチーニを襲った。ロンゴは、自分たちの権威に従わない態度を明らさまな排除理由として、ソ連、コミンテルンにも従順でないテッラチーニを一九四三年一月に除名した。テッラチーニの排除に積極的であったロンゴとピエトロ・セッキアは、タスカの除名にも関わっており、路線をめぐる対立以上に、権力追求の側面が強かったと考えられる。[*121] テッラチーニは、「自分を培ってきた最後の根である理想的連帯を守り……自ら信じる党との直接対話を倦まずに試みた」が無駄であった。[*122] ロンゴとセッキアは、党指導部へ送った一九四三年一二月の手紙で、テッラチーニの書いた数百頁の弁明書を小説にすぎぬと一蹴し、資料として送付する暇も意志もないと書き記している。結局、テッラチーニは党とコミンテルンに対して「犯してきた誤ち」を自己批判し、ヴェントテーネ島の党指導者に行なった「誹謗、中傷を撤回」しない限り復党は認められないと、一九四四年八月になっても党指導部は断じている。[*123]

対話を重んじたテッラチーニも、一九三三年以来、テッラチーニの除名に固執していたセッキアと獄中で同室になった際は一年以上、言葉どころか挨拶さえ交さなかったという。さりながら、何故テッラチーニは、タスカやスピネッリのように自ら離党を選択しなかったのだろうか。イタリア共産党の創設者としての責任意識と、強大なファシズム体制と闘うためには一人でなく組織としての抵抗が必要であるという判断こそ、彼の踏み留まった最大の要因と推察できる。期せずして、テッラチーニと同じ道をたどった同志も存在した。カミッラ・ラヴェーラは、コミンテルン第七回大会をふくむ人民戦線戦術への路線転換に参画しており、独ソ不可侵条約の賛成者を批判したが、独ソ戦の開始で彼女の意見が正しかったと証明された後も、テッラチーニ同様、そのまま彼女への攻撃は続けられた。加えて、テッラチーニの除名が手続き的に有効でないと述べたため、ラヴェーラも除名され、ヴェントテーネ島における彼の数少ない友人となっていく[*124]。彼女と詩を語り合う芸術家肌のテッラチーニも、自身が「孤高の思想家」になりたいと望んでいたわけではなかった。インテリが物事の解釈にこだわるとすれば、政治的人間は現実の変革を志向するとテッラチーニ自身が指摘したように、後者の立場を優先する彼は、党組織が自分の思想を有効な実践活動と結びつける日が来ると確信していた[*125]。

(2) オッソラ共和国事務総長

一九四三年七月にムッソリーニが宮廷クーデターで逮捕されると、八月の初旬には流刑者たちのヴェントテーネ島からの帰還が始まった。しかし、最初に戻った島内の共産党指導部が同志たちに除名された者への接近を禁じたため、テッラチーニとラヴェーラはほかの党員から警戒の対象となり、無視され続ける。上陸時に出迎えもないまま、二人は自力で北部の親族を頼って避難所を捜さなければならなかった。とりわけテッラチーニは、北イタリアにおけるナチスのユダヤ人狩りにも遭遇しスイスへ逃れ、解放とは程遠い状態であった。セッキアを始めとする中北部共産党指導層は、党再建の主導権争いに先んじるため、テッラチーニが党組織と接触することを厳格に制限していく。むしろテッラチーニに救いの手を差しのべたのは、脱出先のスイス労働党（旧共産党）であり、社会党時代からの友人たちであった。本来なら、一九四四年四月にトリアッティが提唱した国民統一政府（「サレルノの転回」）は、テッラチーニの獄中期から主張していた保守層とも協力するという路線への転換を意味していた。それでも、党中央の多くは自分たちの過去の立場を放棄せず、テッラチーニのような自律的行動をとる党員に対して不寛容な態度を改めなかった。しびれを切らした彼は一九四四年九月、ピエモンテ州スイス国境地域のオッソラ渓谷に成立したパルチザン解放区へ赴く決断をする。*126

誕生したばかりのオッソラ共和国でテッラチーニに活躍の場を提供したのは、社会主義青年同盟時代の友人で、高名な医師ながら故郷の病院に勤務した後、同じくスイスへ逃れていたエットーレ・ティバルディであった。[*127] オッソラ臨時政府首相となったティバルディは「ロマンチックな社会主義者」で、共産党の「異端者」という評価など気にせず、テッラチーニを政府の事務総長に抜擢した。二人はともに「皮肉好みの、貴族的な距離感覚」を共有していたが、「識別・定義の天才」テッラチーニは明晰で鋭い判断を示してティバルディの右腕となり、ティバルディは好感度の高さからコミュニケーション能力を発揮していく。[*128] テッラチーニは政治的な仲介者として、法文書の草稿を作成すると同時に、民主的な形で政治・経済組織を再建し、行政府と住民の関係をより親密かつ協力可能なものにすべく活動した。公的なコミュニケーターとして彼は細心の書記官となり、行政府の議事録から市民生活に直結するもの、軍司令部の必要情報を選び出し、週約三回官報を発行する。この官報はレトリックを廃し、法をわきまえたものとなったが、わずか四〇日弱の共和国期間中、発刊数も一六号を数えた。テッラチーニは情報公開に情熱を傾けただけでなく、ペーパーワーク、官僚主義を避け、自治体職員の主体的活動を奨励していく。[*129] これは、国家官僚から党官僚に至るまで、上意下達システムに対する彼の不信感が反映されていたと考えられる。さりながら、彼のオーガナイザーとしての緻密さは、オッソラ共和国がほかのパルチザン解放区に比べ、著しく活発な政治的取り組みを行なっていく起動力となった。

テッラチーニが携わった仕事は、外出禁止令から物価まで、必需品の配給から議会再建まで、戦没兵士の名誉に関する問題からパルチザンの組織化まで多岐にわたったが、市民の自発性を尊重していた。たとえば、福祉担当にはイタリア近現代史上、初の女性閣僚として共産党のジゼッラ・フロレアニーニが任命されたが、ほかにも女性たちの政治への実質的参加は広汎な分野でうながされた。母親たちは子供をスイスへ送るか話し合い、婦人たちは価格を統制し、支援食料の分配を決定している。同様に、市民は徴発を管理し、労働者自身が新たな労働契約について検討した。そして、夜にはホテルを会場として、テッラチーニとキリスト教民主党員が議論を闘わせたり、休日には広場で演説会が行なわれた。ただし、多様な勢力の協調によりオッソラ共和国が維持されている状況を自覚する行政府は、党派間の合意が困難な政治課題については、選挙が実施されるまで根本的な解決を延期すると表明している。それは行政が立法を無視せず、新しい民主主義の建設を最重視するというアピールでもあった。[*130] テッラチーニの体験したこの理想郷は、獄中における思想の変遷を新憲法制定へと有機的に結びつける触媒となっていく。実際オッソラ共和国は、市民の主体性と地域自治の実験場となったし、彼も住民の自然発生的諸活動から多くの実践形態を学んでいった。

あまた存在したパルチザン解放区とオッソラ共和国の最大の違いは、ピエモンテ州を見ても多くの解放区が戦争の遂行に力点をおく一方で、オッソラ共和国の場合、ファシズム後の社会をいかに作っていくかへの関心が強かったことである。ほかの解放区でも、代表の選出や市民参加による自主組織の形成は試みられているが、即決裁判などファシストに対する憎悪を契機とした超法規的暴力の発生は防止できなかった。しかしオッソラ共和国においては、成立したばかりの数日間をのぞき、報復行為も限定的であったのは特筆に値する。また、解放がただちに外からの政治宣伝と党派間対立を引き寄せてしまう現象も、オッソラ共和国の臨時政府内では比較相対的に少なかった。さらに、多くの解放区では物資配給が政策の中心を占める情勢下で、「オッソラ学校憲章」まで発布して教育理念を唱え、公開市民講座さえ実施したのは稀有な例といえよう。[*131]

オッソラ共和国が、ここまで自律的な民主主義の特徴を際立たせ、かつテッラチーニへ活躍の舞台を提供できた理由には以下の三つの要因が考えられる。第一に、スイス国境に近く開放性が高かったうえ、ドイツ軍支配地域にブロックされ、ミラノやトリノのパルチザン指導部から直接指令を受ける局面が少なかった点をあげられる。それ故、テッラチーニの排斥を策動していた中北部共産党幹部も、オッソラ共和国へ直接影響をおよぼしにくかった。第二に、パルチザンの軍事組織自体も、保守系の軍人出身者、政治的には中立な共和主義者をそれぞれ指揮官に擁する部隊と共産党系のガリバルディ旅団といった複雑な構成で、相互の合意形成が不可欠になっていた。しかも、同地域におけるガリバルディ旅団の有名な指揮官チーノ・モスカテッリは、かつてテッラチーニと同じ監獄に囚われており、盟友関係にあった。第三に、オッソラ共和国は、ファシズム体制崩壊後のイタリア人自身による統治のモデル・ケースとして国際的注目を集めていた。このため、世界各国のジャーナリストが現地を訪れていた点も、報復の自制や独自の積極的政策展開に有利に働いた。無論、多数の人々が外から流れ込んだことから、住民との摩擦は生じやすく、反ファシズムのネットワークを熟知しているテッラチーニのような人物がオーガナイザーとして枢要な役割を果たしたと推測できる。それでも、英米連合軍が反共主義の保守系部隊にのみ、軍事物資の空輸投下を実施するなどの問題があり、自立性の高かったオッソラ共和国でさえ、外部圧力と党派対立の民主的克服は優先事項と認識された。*132

共産党にとっても、オッソラ共和国の意味は多義的であった。ピエモンテ州のチーノ・モスカテッリ率いるガリバルディ旅団は精強をもって知られていたが、政治的には党の方針に沿っているのか、疑問視されていた。奇しくもイギリス側のガリバルディ旅団に関する評価も同様で、兵士の政治的無関心を理由に政治コミッサールが派遣されていると指摘している。党指導部は、モスカテッリとソ連との密接なつながりを宣伝したが、彼自身はテッラチーニと分かち合った獄中体験により、固い友情で結ばれていた。オッソラ共和国でガリバルディ旅団がパレードを実施した際、党中央の指示に従う共産党員はテッラチーニを遠まきにして避けていたが、チーノは彼に近づき抱擁する。テッラチーニをよく知り彼と苦楽をともにした人々は彼と祝盃をあげ、若かったフロレアニーニも古い政治的しがらみが少なくテッラチーニを排除しなかった。戦前からの党幹部は規律を名目として介入したものの、オッソラ共和国の政策は穏健で、むしろ「サレルノの転回」に沿っていた。旧来の硬直した領袖や党官僚をよそに、戦後トリアッティを助ける専門家集団には、モスカテッリ、フロレアニーニも参加することになる。*133

加えてオッソラ共和国は、ファシズム体制が破壊した法治主義を再構築するという文脈で重要な模範を示している。それは、ファシストの立法と法運用を根源的に否定し、民主的原理すなわち人権と公正の普遍原則を確立するため、自らの権力行使も厳しく律した点にある。まず、ファシストの追放と逮捕について、各政党の代表が市民を選び追放委員会を創設し、その追放委員会が行政府へ提案を行ない、警察の一方的な逮捕には制約が課せられた。さらに、法律顧問、臨時裁判官として社会党系弁護士エツィオ・ヴィゴレッリが起用され、ファシスト、対独協力者の嫌疑をかけられた者もパルチザン、住民に直接害を与えそうなケースをのぞき拘束されなくなる。逮捕された場合でも、被疑者の家族には食料が保障され、街の非人道的な監獄に代わって設置された収容所ではまともな食事が提供され、病人には特別食さえ用意された。これはファシストとは異なる、人格の尊厳を重んじた処遇であったが、明らかな敵さえ好遇する対応にはパルチザン兵士から批判が集中した。しかしヴィゴレッリ自身、一九四四年六月にはナチ・ファシストに二人の息子を殺害されており、報復やスパイの処刑を主張する人々も彼の前では沈黙せざるを得なかった。また、被害を受けた住民以外の人々がオッソラ共和国へ流入し、国際的に注目されていたことが、即決裁判などの過激な措置への歯止めになった可能性もある。結局、逮捕者は一人も処刑されず、収容所の中では反ファシストに転じる者さえ現われていった。[*134] こうした極限状況においてなお公正と寛容さが追求されたのを目撃して、戦後のテッラチーニは刑罰より更生に強い力点をおく方向へ邁進したと推察できる。

英米軍はこの「左翼」が主導する共和国を見捨て、一九四四年一〇月、ドイツ軍は一斉攻撃を開始し、重砲もふくむ約一万五〇〇〇人の部隊を投入した。ところが、わずか三〇〇〇人程度のパルチザンに対し一週間を予定していた掃討作戦は、頑強な抵抗を受け、任務完遂に大幅な遅れを来していく。テッラチーニは彼我の勢力差を意識して撤退を覚悟したが、パルチザン指揮官たちは最後まで臨時政府に干渉せず、住民や住居、生産施設の安全を確保する努力が続けられた。こうして人口の半数以上に当たる三万五〇〇〇人の市民は、ドイツの支配よりスイスの難民収容所を選び、国境を越える。テッラチーニとほかの指導者たちもスイスへ移動したが、その際かつて住民へ乱暴を働き逮捕された二人のファシストが一緒に護送されていた。スイス側は二人の入国を拒否し、臨時政府指導部は彼らを殺すか解放するかの選択を迫られるが、彼らは国境で釈放されたのである。暴力に対し暴力で報いるのではない稀有な事例を、テッラチーニは目のあたりにしたといえよう。ただし、オッソラ共和国のケースは極めて珍しく、ほぼ同時期のガリバルディ旅団ロンバルディーア司令部には、たとえばナチ・ファシストへの復讐として、捕虜四五人を処刑したという報告がもたらされている。逆にこの間、ドイツ軍とファシストが老若男女から子供までを大量に虐殺していた事実は、「赤い」パルチザンを敵視するイギリス側の情報でさえ頻繁に言及しており、血の復讐の連鎖を止めるのは容易ではなかった。[*135] それだけに、法治主義の再編と民主主義の確立は、テッラチーニにとってファシズム体制崩壊後の不可欠な課題となっていった。

3　新憲法制定における「公正な仲介者」

⑴　党復帰から憲法制定議会議長へ

ナチ・ファシストからオッソラ共和国への一斉攻撃が加えられる直前の一九四四年一〇月二日、共産党中央はテッラチーニに「誠実で正直な自己批判」をなお要求していた。しかし、テッラチーニの指摘する通り、むしろ自己批判すべきは「サレルノの転回」で路線を変更した党指導層の方であったが、彼らは権力をもっていた。これに対し、テッラチーニの判断が常に正しかったわけではないとしても、獄中から戦後につながる彼の三つの特徴が抽出できる。第一は、情報の共有化であり、批判に直面して指導部へ自らの見解を伝える努力であった。党は外に開かれてこそ新しい道が見いだせると考えたが故に、テッラチーニはオッソラ共和国でコミュニケーターとして緻密な広報活動に没頭したのである。第二は、ファシズムに抗する多元性の強調である。それがムッソリーニであれスターリンであれ、ある特定指導者や指導部による無謬性の主張から、テッラチーニは遠く離れていく。第三は、異なる情報と立場を尊重しながら対話していく民主主義への信頼が重要となる。「サレルノの転回」こそ保守層もふくめた反ファシズム統一戦線の始まりを告げ、オッソラ共和国は複数の政治勢力をつなぐ実践例となった。[*136] これら三つの特徴は、以下に見る如くテッラチーニが制憲議会議長に就任する伏線となり、彼の議長としての行動規範にも反映されている。

スイスに逃れて半年、テッラチーニは党復帰に向けての活動を続けていく。その間、同じ難民であった女優のマリア・ラウラ・ロッカと再婚するが、彼の前妻アルマ・レックスは二〇年以上、彼と会えぬままソ連へ帰国し、秘密警察に監視されていた。チーノ・モスカテッリなど多くの友人たちがテッラチーニを支援し、一九四四年一二月一四日に党指導部はテッラチーニを「党の仕事」に戻す決定を出す。ところが、そこには留保なく党の路線と規律に従い、獄中の議論を再び持ち出したり批判しないといった諸条件がつけられていた。しかも、ローマの幹部は彼に党の政治指導を委ねさせないとまで付言している。これは「党の仕事への復帰」であっても、「党への復帰」ですらない内容とテッラチーニは自覚したが、トリアッティをコントロール不能な議論に巻き込めないと察したテッラチーニは承諾する。テッラチーニを擁護して除名されたカミッラ・ラヴェーラに至っては、体調を崩し農民の子供たちの教育に従事していたが、一九四五年五月にトリアッティがトリノで彼女をほかの党員の前で抱擁し、ようやく党務への復帰が実現した。ともあれパリ経由でローマに戻ったテッラチーニは、二〇年以上ぶりにトリアッティと再会するが、あたかも前の晩に会っていたかのような簡潔な応対の後、翌日から選挙事務所で働く要請がなされる。[*137]

テッラチーニと再会した際、トリアッティが過去について唯一ふれたのは選挙担当にした理由で、「君は一度も棄権主義者（astensionista）ではなかったからな！」という言葉であった。[*138] トリアッティがテッラチーニの復帰に尽力し、一九四五年一二月—一九四六年一月のイタリア共産党第五回党大会で彼に「民主主義」というテーマの報告を依頼したのも、党内の路線をめぐる政治的綱引きにおいてトリアッティ自身の陣営補強が意識されていたと考えられる。トリアッティは「新しい党」が労働者と人民の党として、批判と宣伝のみならず積極的かつ建設的行動を通じ、国家へ関与していくべきであると判断した。すなわち、レーニンの想定した「前衛の党」ではなく、人民のために日常的課題を解決し、議会での活動、労働組合の組織、地方自治体の管理、協同組合の運営に従事していく方向性が模索され始める。しかし、テッラチーニを除名に追い込んだロンゴ、セッキアなどは、党が非合法化されていた時代の厳しい規律とモスクワの意向に従う習性から脱却しておらず、トリアッティもこうした革命路線の強硬派に留意しながら調整を余儀なくされている。実際、一九四六年末の時点でアメリカ駐伊大使館は、指揮官セッキアの下、二万から八万人の共産主義武装集団が形成されている、と本国へ報告した。共産党側は逆に一九四六年二月の指導部会議で、国民投票によって共和制が明確に選択されなければ君主主義者と軍が結託してクーデターを起こすのではないかと真剣に警戒している。たしかに、同じアメリカ駐伊大使館報告も、右派の武装集団が左派と同規模に存在すると指摘していた。*139

テッラチーニのおかれた立場は、党機関全体に直接影響を与えにくかったし、彼が担った選挙活動の組織化は、逐一ロンゴやセッキアなど指導部の指示を仰がなければならなかった。しかるにテッラチーニは、党内で彼の排除を試みる反対者たちより、トリアッティの路線に近かったし、選挙担当という役職を奇貨として、除名中に接触を絶たれていた各地の同志たちと連携を深めていく。さらに、テッラチーニは社会党、行動党、共和党とも協力を進めるべく働きかけたが、熱心な党員ほど、ほかの政治勢力と対立する状況に直面した。党内部では当選第一主義に対しての
みならず、そもそも選挙政党への転換に不満が噴出しかねなかった、とテッラチーニは記している。それでも、彼自身が破壊分子、共産主義者として迫害され、ファシズムの敵としてだけでなく、議会制民主主義の敵として蔑まれていた時期とは、隔世の感があった。選挙のオーガナイザーとしても辣腕をふるって、一九四六年六月にジェノヴァ選出の制憲議会議員となったテッラチーニは、トリアッティに次ぐ共産党議員団副代表に指名された。*140

一九四六年六月、制憲議会の議員選挙と同時に行なわれた国民投票では共和制が選択され、新

憲法制定へ向けて七五人の委員による憲法委員会が発足する。テッラチーニは、憲法委員会内に設けられた三つの小委員会のうち、「国家の憲法上の組織」を審議する第二小委員会の委員長に就任した。第二小委員会では、前述した地方自治をふくむ行政や司法制度に関する問題が話し合われた。彼にとって幸いだったのは、当時は共産党選出議員と共産党本部とのつながりが希薄で、党組織の専門家であるロンゴ、セッキアなども国家制度の問題に介入してこなかった点であろう。また、デ・ガスペリ政府は個々の条文について干渉せず、制憲議会も行政府が介入する余地を与えなかった。このため、各党指導部や政府から独立した憲法委員会が、主要政党の代表による合議、妥協を基礎として憲法の基本的テキストを起草した。戦争直後における共産党は法律の専門家が少なかったこともあり、テッラチーニは制憲議会の準備委員会委員や高等裁判所顧問を務めていくうち、法律の本質を捉える能力から、彼の政治信条とは別個に、より高い評価を得て制憲議会副議長に選出される。[*141]

しかし、テッラチーニが議長の地位まで昇りつめる道程は、左右対立の激化する政治情勢と連動し、平坦なものではなかった。制憲議会選挙の結果、第一党となったキリスト教民主党は、デ・ガスペリ首相のもとで反ファシズム政党による連立政府を形成したが、制憲議会議長には第二党の社会党からジュゼッペ・サラガトが選ばれた。ところがサラガトは、後述するようにアメリカ側から大量の資金提供を受け、社会党を分裂させ新党党首に就任してしまう。しかも、党首との兼任が難しいという理由により、議長の辞職を願い出たのである。当初、制憲議会は政治的均衡が崩れると難色を示したが、サラガトの辞意は強くやむなく受諾された。これにともない、議長が政府と連携してきた戦前の伝統をたてに、保守系政治家の議長を要求する動きも顕在化した。一方、四人いた副議長の中では最大票を獲得し、以前からサラガトに代わり重要な司法・政治的役割を果たしてきたテッラチーニが議長候補として浮上していく。それでも、実際の選出過程では政治的思惑が錯綜し、トリアッティはキリスト教民主党に対し、テッラチーニに投票しなければ、社会党の分裂により第二党へ繰り上がった共産党が政府から引き揚げるという揺さぶりさえかけていた。他方、共産党内では、テッラチーニを議長という名誉職につけて、彼を周辺化させる意図が働いたとの指摘もある。[*142]

結局、テッラチーニは一九四七年二月八日に、過半数以上の票を得て議長に互選された。イギリス系通信社への配信記事は、極右の議員もふくまれていた制憲議会が共産党のテッラチーニを選んだ事実自体、奇跡に近いと評している。同記事は、議会経験の少ない議員が大きな割合を占め、政党間の対立も激しさを増していたと、当時の政治背景を説明した。[*143] とりわけその一週間前には、厳しい条件を課された講和条約が調印され、デ・ガスペリは左翼勢力の閣外放逐へ歩みを早めていく。こうした状況下、テッラチーニは就任演説において各党へ精神的、国民的連帯と政治的、社会的理想を忘れぬよう訴え、「イタリア共和国に堅固な合法性の砦である憲法をもたらす」べく、各政党間の友愛を求めた。[*144] 議長就任後の彼は、疲れを知らぬ厳格な「用語の管理者」として制憲作業に従事していく。そして、技術的な整序では不十分な場合には、深刻な事態克服を要請するアピールを発していった。[*145] テッラチーニが成功を収めたのも、共産党創設期には急進的活動家として、オッソラ共和国では市民の事務総長として、さらに制憲議会議長就任の後は真摯な仲介者へと転じながら、まったく性質の異なる組織をまとめ、それぞれの必要に応じた役割をこなし切れたオーガナイザーかつコミュニケーターの能力によるところが大きかった。

(2)「難しい、やっかいな共産党員」

共産党に復帰してからもテッラチーニは、ほかの党幹部からは「難しい、やっかいな」存在として警戒された。実際、彼は憲法の制定過程を通じ、党が図式的な経済構造の議論を重視するあまり、国家や市民生活の諸課題に対処する準備を怠っていると気づき、党の方針に苦言を呈し続ける。なかんずく地方自治推進、司法・行政改革への対応が遅れ、市民個人の生活に寄り添っていないと不満を募らせた。たとえば、共産党は国家と教会の関係についてラテラーノ協定遵守の立場（憲法第七条）をとったため、教会婚の制度化を認め、家族の世俗化、離婚、中絶などの問題に正面から向き合わなかった。これに対しテッラチーニは、国家の特定部分が強権的性格を帯びないための制度的担保（ストライキ権の確立、刑法改正、憲法裁判所設置、州制度改革、首相の権限抑制）を提起し、市民の自律を奨励しながら社会的弱者の擁護に努めていく。また彼は、非嫡出子の平等を哀れみからではなく個人の尊厳として主張し、外国人の庇護権（憲法第一〇条第三項）を支持した。それは、テッラチーニ自身がファシズム体制、共産党双方から異分子扱いされ、出国を余儀なくされた被抑圧体験あってこその姿勢と推察できる。[*146]

トリアッティも、ブルジョア民主主義をイタリアにおける唯一の可能性と自覚し、新憲法で労働のあり方、社会的連帯が規定されると、進歩的共和国の道を一層推し進めていった。しかるに彼は、一般大衆が法的抽象性を理解しないことを前提として、党が権威ある言葉で語りかける必要を述べている。テッラチーニも憲法に関して、あいまいな議論から脱し抽象性を高めるべきであると指摘していたが、トリアッティはテッラチーニと異なり、参加より指導を重視し、党の正しさを強調する役割に忠実で、少数者の視点が欠落しやすかったかも知れない。とはいえ、テッラチーニの回想によれば、トリアッティは、党利党略に起因する要求を制憲議会議長のテッラチーニに押しつけたことは一度もなかったという。[*147]

両者の立論の違いを際立たせて興味深いのは、二人がともに女性参政権を支持しながら、その理由に差が見られるところである。トリアッティは政治的配慮を先行させ、一九四四年八月のイギリス外交文書によれば、カトリックの女性票に期待できないものの、行動党が女性参政権を強く打ち出しているため、その対抗上、賛成せざるを得なかったとされている。実際、一九四六年二月の指導部会議ではトリアッティ自身、男性の共産党支持率が四四パーセントに比べ、女性が二二パーセントという調査結果を確認していた。直近の選挙における勝敗を重視すれば、男女同権を後回しにする選択もありえたが、党の方針を変えることはなかったのである。他方、テッラチーニは一九四六年九月に、上院を職能代表とする案へ強い反論を展開した際、「上からの指名」になると同時に女性の選出が阻害されるとその根拠を明示した。[*148] 進歩的な党の威信にこだわるトリアッティと、個人の実質的参加をあくまで追い求めるテッラチーニの相違がよく現われた事例とも認識できる。ただし、両者に共通したのは、普遍的平等を短期の党派的利害に優先させた点であろうか。

両者の懸隔がもっとも大きかったのは、国際共産主義運動をめぐる見解で、議長就任後もテッラチーニのソ連批判は衰えを知らず、トリアッティを悩ませていく。テッラチーニは、党内でマーシャル・プランに関するソ連の対応を酷評し、コミンフォルムへの加入決定に疑義を呈するだけでなく、ソ連からは何の支援も受けていないとさえ発言した。[*149] しかも、一九四七年一〇月には西側メディアに向け、米ソ両国がヨーロッパ諸国へ政治的影響力を行使すべきではないと語り、「もしそれでも戦争が起きれば、イタリアはそれが誰であれ侵略者に反対する」とまで踏み込んだ発言を行なったため、決定的な物議をかもしたのである。イギリス外務省はテッラチーニのインタビューについて、共産党の民主的外観を整えるのに役立っていると分析したが、テッラチーニの公正と独立という評判が自身の党内における地歩を失わせていると注釈した。[*150] 党指導部はテッラチーニを激烈に批判したが、彼が制憲議会の議長でなかったら追及はさらに強くなっていたはずである。彼のスターリン主義批判は、地方支部にスターリンの肖像が掲げられていない状況へ不満を漏らす党幹部にはそもそも受け入れられなかったし、党を率いるトリアッティは、個人主義の危険な表出として、テッラチーニの「ボルシェヴィキ精神の欠如」を非難せざるを得なかった。[*151]

さりながらテッラチーニは、ソ連ばかりを難詰の対象としていたわけではない。同じく一九四七年一〇月には、アメリカ側へも制憲議会議長として辛辣なコメントを公にした。それは、サラガトがアメリカから大量の資金提供を受けた事件に関連して、アメリカの伊米労働評議会会長が共産党とテッラチーニを中傷する発言をしたためであった。同会長は、サラガトが大金受領の事実を記した手紙を共産党に盗まれ、その問題をテッラチーニに訴えていたと指摘したうえ、自分はトリアッティにも金を渡していたと暴露したのである。[*152] これを受けて、テッラチーニは公開書簡で、国を代表する人間に野卑で不当な言いがかりをつけていると反撃した。そして、現在なら植民地差別発言とも捉えられるような激しい調子で、以下の駁論をあびせている。「イタリアを植民地と考え、制憲議会議長に対してさえ、あたかも無作法な外人部隊将校の如く、奴隷部族を侮辱するような態度を示すのでしょうか。最大の正確さと最小の驕りをもって警告します。[*153]」テッラチーニの憤りは、相手を一方的に犯罪者扱いする傲慢さへの反発に加えて、潤沢な資金で相手に優越感をひけらかす尊大さに向けられたと推測できる。ソ連の強権性に飽くなき異論を唱え続けただけでなく、アメリカの偽善的金満家にも軽蔑を顕にするところが、反骨者テッラチーニらしい「難しさ」なのかも知れない。

これら米ソ批判のみを取りあげれば、テッラチーニは制憲議会議長の権威を背景として、喧嘩早い政治的発言ばかりしている印象さえ与える。しかし、たとえば、彼が戦前の工場占拠時代から追い求めてきた労働者の主体的参加権について、キリスト教民主党が大幅な修正を施しても、議長としての職責を優先し、公的審議の場で自分個人の意見表明は控えたのである。たしかに前述の如く、左派の閣外追放にともない、憲法第四六条の文言は労働者の「企業管理参加権」が「企業管理協力権」へと変更され、ストライキ権（憲法第四〇条）同様、条件が課せられたため、社会的諸権利としての意味を著しく減じてしまった。また、テッラチーニは党内での微妙な立ち位置にも拘わらず、自党議員を特別扱いするという発想がなかった。彼は、議会運営をめぐる戦術的理由から党の指示で議事に欠席した共産党議員たちへ批判の手紙を回覧の形で送り、国民の信託を受けて憲法制定に献身すべき代表がサボタージュを行なったと詰問している。他方、テッラチーニの公明正大な態度は、「神の名のもとに」という文言の憲法挿入を企図したキリスト教民主党に提案の撤回を決断させたのである。テッラチーニは、イデオロギー的スタンスよりコンセンサスを優先させ、超党派による民主的プロセスを重視する点で一貫していた。この姿勢はイタリア共産党の立憲主義を代表するショーウィンドウの役割を果たし、彼が独立と公正を守っているという評判は内外で高まっていく。[*154]

テッラチーニは、反ファシズム統一戦線を基盤とした連立政府に亀裂が生じて、左右対立の進行する難しい情勢下で、憲法をめぐる激しい議論においても、党派的衝突から距離をおき、公平さと有能さを発揮する。わずか一一カ月の間に一七〇の会合、一〇九〇の報告、一六六三の修正案に対応し、合理的かつ厳密な手順を守りながら、なお充分に議論の時間を担保しつつ、一九四七年一二月二二日の投票にまでこぎつけた。イタリア共和国憲法は、賛成四五三、反対六二で可決される。[*155] 採決当日、テッラチーニは自らの制憲議会演説で、労働者階級が人民の闘争の一線に立ち、民主的で自由な国家を築くと述べる一方、民主主義の獲得を基礎に穏健な発展を遂げれば、それが純粋な社会革命にまで到達すると指摘している。同時に、憲法への投票こそ対立、分裂を越えて、イタリア共和国という一つの確実なコミュニティーを形成する機会であると主張した。[*156] これを受けて、保守の長老政治家オルランドは、テッラチーニの権威が克服しがたい不和さえ解消させたと感謝し、「彼は真に偉大な議長だ。生来の完璧な議長だった」と絶賛した。[*157] 二人の演説は、共和国憲法が反ファシズム共同行動の最後の煌めきと評されたように、革新と保守の協力を象徴する一幕となった。逆説的ながら、テッラチーニは「難しい、やっかいな」存在と党内で敬遠されるほど自律的存在であったが故に、不偏不党の議長として保守からも尊敬を集めたのである。[*158] 一匹狼的であることは、信頼のネットワークを作りにくくするのではなく、むしろ少数者に配慮したコミュニケーターへと転じる可能性も示唆している。

イタリア共和国憲法の成立は、テッラチーニにとって終着点ではなく出発点であった。むしろ憲法に規定された根幹理念、各条項を現実化する過程こそ、彼の主要な政治的関心となる。とりわけ憲法の履行と合法性の維持を強調する際、行政府の行動が憲法にそぐわないと繰り返し抗議していった。それは、行政権の乱用や警察の裁量拡大が市民の自由を侵すのではないかという懸念であり、市民的権利の保障と人道的原則の遵守というテッラチーニが力説し続けた要諦であった。彼は、予防拘禁の制限や保釈要件の緩和など具体的改善に努めるのと並行して、地方自治（憲法第五章）、憲法裁判所（憲法第六章第一節）、最高司法会議（憲法第一〇四、一〇五条）、国民投票（憲法第七五条）などの憲法に条文化された重要事項について、キリスト教民主党がそれらの実施を妨げていると厳しい批判を展開する。他方、テッラチーニは多数派に賛同しないという行動スタイルを党内でも改めるつもりがなかった。彼はコンフォーミズムに一石を投じ、下からの主体的参加を喚起し、議論をうながしつつ、自らは主人公になろうとせず、野心なく良心に従って行動していく[*159]。

テッラチーニは、「どこの革命に間違いを恐れる若き共産党員などいるものか」と語った[*160]如く、勇敢かつ思想堅固の故に、反ファシズム闘争の間も味方陣営内での論争を厭わず、強情と見紛う言動、判断の誤りにまで踏み出していたかも知れない。しかし、『オルディネ・ヌォーヴォ』グループの頃から平和を重視し、公正の理想追求、社会的平等の実現、個人の自律尊重といった達成すべき目標は変わっていない。テッラチーニが憲法起草に関わった際、提言した内容の多くは前述してきた通り、すでに戦前から醸成されていた。ただし、国家や党への権力集中に対する彼の懐疑は、獄中期前後から積み重なり、ファシズム体制との断絶を示す唯一の法である憲法をより民主主義に近づけ、リベラルかつ普遍的なものにすることが終生の課題となった。憲法は反ファシズム諸政党の合意、協力の結晶でありながら、主要政党は選挙による権力獲得を優先させ、政党間の妥協を超えた制度改革には消極的となる。これに対しテッラチーニの政治・社会的選択の基本原理は、ややもすれば尊大な国家理性や虚偽に満ちた政党の論理とは、遠くかけ離れていた。[*161] 法に基づく市民の自律的活動を奨励する姿勢は、約一七年におよぶ獄中体験と自らが信頼をおく党からの除名という二重の桎梏に直面しても、むしろ強化、保持される。テッラチーニは苦境をバネとして、共産党ナンバー・ツー、オッソラ共和国事務総長、制憲議会議長という新しい職務に携わる度に、民主主義の可能性を次々と模索していった。彼は孤立した状況に陥っても、組織に拘束されない自由なネットワークの中で、コミュニケーターとして新たな公共空間を多様な主体とともに創造したのである。

上意下達型の権力構造を批判するテッラチーニがそれでも共産党に留まったのは、二〇年を越えるファシズム体制や、戦前戦後と反復される社会的不正義に対抗する必要上、圧政に負けない集団的結束と組織の効率が不可欠と確信していたからであろう。だからこそ権力者との取引を繰り返していた戦前の社会党に不信感を募らせ、同様にモスクワの顔色をうかがう共産党幹部とも衝突したと考えられる。逆に彼を支えた人々は、タスカ、グラムシ、レックス、スピネッリ、ラヴェーラ、ティバルディ、モスカテッリからトリアッティに至るまで、対立があったとしても、公正と平等のため共闘していく連帯意識によって結ばれていた。長い追放の期間を経て、一九四五年一二月末に始まったイタリア共産党第五回党大会では、テッラチーニの名が告げられるとローマ大学の会場は雷鳴のような喝采に包まれたという。そこには、ソ連で生じた政敵を完全に抹殺する粛清とは異なる環境があったと想像できる。また、彼が何事についても「反対する人」を通したところは、廉潔な人格、明確な政治意識の現われとして、党派に左右されない尊敬と信頼を集める要因となった。憲法が多様な意見の集約により成立したのと軌を一にして、テッラチーニは、彼との対話を継続した信頼できる友人たちの影響を受けながら、決して安易に群れず、社会的な民主共和国への孤独な伴走者に徹していった[*162]。

テッラチーニにおける「孤独」とは、彼の信念に呼応したネットワーク、得られた敬意の高さを考えれば、「異論派」といった言葉に置き換えるべきかも知れない。しかし、テッラチーニの先見性と果敢な行動へ権威主義者たちが示した無理解は、彼の人生を「難しい」ものにしていた。一九六〇年代後半から学生運動が活発化した際、テッラチーニは離婚、中絶、女性の新たな自覚をめぐる直接民主主義への要求に呼応し、逮捕された若者たちとの連帯さえ表明している。彼のイスラエルに対する評価は、現在から見ると疑問の残る点がありながらも、一九七一年一月にはソ連がもはや社会主義システムではないとまで言及し、その「過激さ」は晩年も衰えなかった。さりながら、左右のテロが深刻となる一九七〇年代後半には、暴力を政治に持ち込む危険性へ警鐘をならし、法に基づく代議民主制を擁護しつつ、暴力を厳正に抑制する態度は最後まで一貫していた。一九八三年一二月六日に八八年の生涯を終えた後も、学生運動の活動家であった人々の間で、テッラチーニは民主主義の基準点となり続けたのである。[*163] まさにラディカルな民主主義は、単なるテッラチーニ個人の属性ではなく、多くの人たちによって共有できる普遍性を有していた。同様に、共和国憲法制定それ自体は、法学者の果たした役割が大きかったとしても、テッラチーニの希求した公正と平等を基軸とする民主共和国へのあくなき活動は、憲法と民主主義の重要なネットワークの存在を示すものであろう。

第五章　補論——丸山眞男

——イタリアとの比較に見るラディカル・デモクラット像

本書が描いてきた高野岩三郎とウンベルト・テッラチーニの軌跡は、今日の日本とイタリアにおいて、いずれも顧みられなくなっている。そうした二人に改めて光をあてることは、両国の戦後史を考えるうえで重要と考えられるが、逆に今日でも語られることの多い民主主義者たちとの関係性を明らかにする必要もあろう。とりわけ戦後の思想形成に大きな影響を残した人々が高野やテッラチーニと直接の接触を図っていたわけでなくとも、相互に共通した特徴を有した点は注目される。この試みは、左派ネットワークとは異なる非マルキスト知識人がいかにラディカルな民主主義者として戦後社会の礎を築いていったかを理解する一つの手がかりになるはずである。ここで興味深いのは、体系性への志向が強い左派の高野とテッラチーニの方が、制度や具体的政策への関心が強く、憲法制定へのコミットメントを深め、むしろ両国の著名な知識人たちは理念的ラディカルさを先鋭化させ、参加、運動のモメントにも傾斜する姿勢を示した点である。ただ、戦後体制の出発点が新憲法にあった以上、民主主義の発展が憲法の理念と接合されて語られたのは至極当然であった。本章は、こうしたラディカルな民主主義と憲法に関わるもう一つの側面を、補論の形で探っていきたい。

1 「戦中と戦後の間」

丸山眞男は一九一四年に生まれ、戦後を代表する知識人として、一九九六年に死去するまで日本の民主主義を問う多くの著作を残した。本章は、ラディカル・デモクラットとしての丸山を高野、テッラチーニとも対比し、憲法制定期における知識人の政治・社会的背景を明らかにする意味で、戦中・占領期を中心に論じていく。これは、丸山の「戦中と戦後の間」に模索した活動が、戦後民主主義の新たな思想形成を育んだと考えられるからでもある。このため、リベラルな社会科学者としての丸山というより、行動する思想家丸山眞男を敗戦という原点に立ち返って論じていくことになる。また、ここでは彼のラディカリズムを、単なる思想・制度としての民主主義に留まらない、運動としてのデモクラシーに関連した文脈で分析する。なお、ここでは便宜上、従来の思想・制度的な「民主主義」概念のみならず、彼が新たに運動論的な側面を強調したところについて、「デモクラシー」という言葉を当てて使用していく。荻生徂徠からマキァヴェッリを想起した丸山の顰みにならい、主として一九四〇年代からの時代・思想状況をイタリアと比べながら、丸山の思惟方法と価値意識を考察したい。とりわけ当時のイタリアにおける非マルクス主義的思想・政治運動であった「正義と自由」との対比は、実践活動から縁遠い啓蒙思想家と考えられてきた丸山をより広い文脈の中で位置づける端緒になるかも知れない。[*164]

まず、丸山の個人史から彼のデモクラシー観形成に関わる事件を抽出してみよう。一九三三年四月の唯物論研究会創立記念第二回講演会に出席していた丸山は、検挙・勾留され、特別高等警察の刑事から取調べを受け殴られる。その後も特高刑事の来訪や憲兵隊の訊問は続き、丸山の被抑圧体験となった。一九四五年三月、二度目の召集により、広島の陸軍船舶司令部に配置され、八月に広島市宇品で被爆する。丸山は「傍観者」のような立場にいたため、「おこがましくて」広島について語ることは生涯少なかった。しかし、彼は当時の救護順序が「将官、市民、兵隊」となっており、兵隊が最も悲惨な状況におかれていたことを晩年に発言している。これら二つの被害者体験は、鋭い天皇制・軍国指導者批判へと結びついていったと思われる。他方、戦中と戦後の間における丸山の著作活動は、時間と空間を越えた比較が意識されていた。たとえば、江戸・明治期の思想家を現代に投影したり、欧米の思想家を日本の状況と関連づけて論じる記述が多く見られる。加えて、彼が論敵とするカール・シュミット、加藤弘之、自らが共感を抱くハロルド・ラスキ、福沢諭吉といった対になるような思想家たちが交互に取りあげられ、丸山の対話的思惟方法がすでに芽生え始めていた。彼の抑圧・戦争体験がデモクラシーに対する傾倒を強めたのと並行して、その価値認識も社会全体の文脈で捉え直されながら、独自のラディカリズムが練磨されていく。*165

憲法という視点から述べれば、丸山は一九六四年一一月一四日の憲法問題研究会で、「憲法第九条をめぐる原理的諸問題」という報告を行なっている。そのレジュメには、「政府の行為が戦争の直接の起動点であり、しかも戦争の最大の被害者は人民である」と記されている。丸山の憲法観に戦争と平和の問題が色濃く反映されているのは間違いない。また、第九条の精神史的背景として、「サン・ピエール―カント（世界公民法）―トルストイ―ガンジー」に加え、「安藤昌益―植木枝盛（板垣）―北村透谷―内村鑑三―社会民主党と平民新聞―幣原喜重郎」までを列挙しているのは興味深い。*166

次に、イタリアの「正義と自由」運動についても思想的概略を述べ、丸山との対比可能性について検討する。「正義と自由」の思想的源流は、「自由主義革命」を提唱したピエロ・ゴベッティにさかのぼる。彼は、革新的性格の強かったリソルジメントが裏切られてきたと認識し、それを非集産主義的な労働者革命により再建したいと模索した。さらに彼は、ファシズムを一過性の病でなく遺伝性の死に至る病と見なし、ファシズム体制に追従するイタリア人の心性を「奴隷根性の露呈」と考え、一九二六年の死まで反ファシズムを貫いていく。またゴベッティは、マキァヴェッリの再発見者であり、丸山と共通する精神構造を重視した非マルクス主義的な思想家であった。ファシストの暴力により二四歳で死去したゴベッティの遺志をつぎ、一九二九年には「正義と自由」がマルセイユで発足し、一九四二年にローマで行動党が結成されていく。ゴベッティの遺した言葉が「政治の理論というよりは道徳的非妥協性の教えであり、政党の綱領というよりは理念のメッセージ」であったように、行動党も知識人の政党であった。このため、一九四六年の制憲議会選挙で行動党はキリスト教民主党や共産党のような大衆政党に完敗して、翌年には活動を停止してしまった。それでも「正義と自由」運動は、多くの重要な知識人が関わり思想的実践を行なった点で、価値としてのデモクラシーを主張する丸山にふさわしい比較対象と考えられる。*167

「正義と自由」グループには、制憲議会における憲法委員会の第一小委員会で活躍したピエロ・カラマンドレイのような法学者も存在した。彼は伝統的自由権を国家に優越する国際規定で管理・保障するよう説く一方で、労働者の積極的参加をうながす社会権の熱心な主唱者となっていく。すなわち、国家が個人の活動を妨げないという消極的自由を越えた運動のダイナミズムが、そこには付加されていた。こうした点で、ゴベッティ以来のラディカルな自由主義、民主主義の流れは、憲法制定の過程においても見ることができよう。[*168]

以下の各節では丸山の思想的独自性が指摘されると同時に、イタリアと比べた日本の「後進性」、高野の先見性が比較によって明らかとなっていく。これは丸山の個人的体験から普遍的理想・運動へと向かう思想的展開を示すだけでなく、彼にとってのデモクラシーが内在化していく過程でもあった。彼をイタリアの「正義と自由」グループと対比することは、日伊両国における政治情勢の違いを際立たせつつ、ラディカルな民主主義の共通性を見いだす手がかりともなろう。

2　三つの視点から見たデモクラシーをめぐる丸山の思惟方法

政治を状況と制度の統一と理解する丸山は、デモクラシーを単なるイデオロギーや静態的な枠組みとしてのみ捉えることに満足しない。彼はデモクラシーを価値体系の形成過程であると同時に、実践的前提を見失い特定志向に拘泥する「惑溺」の状況とは異なる不断のダイナミズムとして考えている。[*169] ここでは国体とデモクラシー、占領とデモクラシー、国民とデモクラシーという三つの視点を介して、初期丸山の戦前・敗戦・戦後観を、イタリアの状況と比べながら検討していく。なぜなら、これら三つの文脈への対応姿勢に注目することが、丸山の新たなデモクラシー像を浮き彫りにできるからである。

(1) 国体とデモクラシー

第一に、敗戦前後の丸山がまず直面した問題は、国体とデモクラシーの関係であった。一九四五年八月に船舶司令部の参謀に対して、国体と民主主義は両立すると述べた丸山は、国体護持派の民主主義勢力への取り込みという状況的必要性もあり、微妙な見解を表明している。しかし、彼は一九四五年一〇月の段階で天皇大権の否定から、天皇を「国民の情的結合のシンボル」と位置づける姿勢を明確にしたが、一九四六年五月の論考「超国家主義の論理と心理」の公刊から、さらなる天皇制との思想的対峙に踏み出した。それは、明治以来の「国家主義」を政治構造的に分析し、国体の絶対化を包括的に批判する一連の論考に結実した。これと並行して、重臣リベラリズム、オールド・リベラリストと距離をおく動きが政治・思想的に強まり、丸山も、一九三九年一二月には身を挺して右翼学生から守った津田左右吉を厳しく批判することになる。*170 丸山自身、天皇制を否定するのは容易でなかったと率直に認めており、それだけに困難を克服する思想的営為が、天皇制の精神構造をめぐる内在的批判へと結びついた。同時に彼は、一九四九年一〇月の座談においても、「君主制がデモクラシーの根本原則に背馳するかしないかは具体的な状況によって決められるべき問題で、超歴史的には決められない」と述べている。ここでむしろ特徴的なのは、天皇制を直接論じるのではなく、君主制という広い概念による相対化を試みている点であろう。この姿勢こそ、欧米との比較も視野に入れた丸山独自の豊穣なファシズム論を可能にしたと想像される。*171

イタリアの場合も反ファシストの大半は、ファシズムが戦前における政治的腐敗の産物であると理解し、オールド・リベラリストの復権に否定的な態度を示した。また、抑圧と戦争の原因となった体制を単なる「例外現象」や一時的な「病」として位置づける津田やクローチェの主張に対して、多くの日伊両国の戦後派知識人は反発している。しかし、「正義と自由」による一九四二年七月の行動党政治綱領が、第一項において共和主義制度の確立を絶対的必要と唱えたのに比べれば、象徴天皇制の選択は微温的であった。むしろレジスタンス期の行動党は、対独戦遂行を優先して保守派との提携を強めていたトリアッティ路線にさえ批判的で、閣内にいた君主制支持派のクローチェと社会改革をめぐり対立した。イタリアで一九四六年六月に実施された国民投票による政体決定のような発想さえ、敗戦直後の日本では知識人の大半が意識することはなかった。ただし、高野に遅れること約四〇年、一九八四年一〇月の質疑で丸山は、天皇制を打倒しない限り、日本に普遍主義は根づかないとまで発言しており、国体をめぐる議論から彼のラディカリズムは先鋭化していったのである。[*172]

(2) 占領とデモクラシー

第二に、占領とデモクラシーという視点について、丸山は「仕方がない」デモクラシーでは権力者が交替すれば、いつ民主主義がひっくり返されるか分からぬと懸念を表明していた。一方で彼は、マッカーサーから文明を伝授されることへの抵抗感を隠さなかったが、他方で日本社会の「権威信仰」に対して、アメリカの「自由競争」を対置した論じ方もしている。日本社会においては上昇可能な道筋が不明瞭なため、安直な官僚攻撃など、他者を引き下げようとする倒錯的な心理が存在することを丸山は指摘したのである。さらに彼は、ドイツ人と比しても英米人がデモクラシーを生活様式として実践していると述べ、欧米内の差異にも言及する。そして、他国との比較のみならず、明治期における社会的諸勢力が示した下からの進歩的方向性を論じることで、丸山は日本におけるデモクラシーの萌芽に注目した。また、一九四七年九月の論文「福沢諭吉の哲学」においては、福沢が欧米の原理を相対化することで、人間精神における主体的能動性を尊重したと、自らを二重写しにしながら強調している。[*173]

占領期における丸山のデモクラシー観を象徴する事柄としては、一九四六年二月に設けられた東京大学憲法研究委員会の活動があげられよう。丸山は憲法制定手続きに絞った答申の草案を執筆した。明治憲法の根本的改正に踏み込んだ「内閣草案（ＧＨＱ草案の日本政府修正案）」への支持を前提として、報告書は「憲法会議」を提言し、憲法に対する責任と熱意を国民の間に広めようと試みている。しかし、委員会では「象徴天皇」について異論が出たにせよ、人民主権が一般国民意識から離れているという認識から出発する限り、答申全体の基調は共和制への革命的転換に期待するより、啓蒙活動という領域に留まらざるを得なかった。この点、占領当局をも配慮した形で、憲法の内容より改正プロセスが優先された感も否めない。前節で引用した憲法問題研究会における報告のような憲法観を主張するまでには、なお一五年ほどの時間が必要となった。[*174]

他方、イタリアの制憲議会が一九四六年七月に選出した憲法委員会で、行動党の代表は社共両党をも批判して、ファシズムの基盤を一掃する社会経済的改革による新しい民主主義体制の確立を主張した。とくに法実証主義者で、憲法制定にも深く関わったカラマンドレイは、貧しい者が事実上、法的平等や政治的自由を享受できない状況にふれつつ、憲法草案がその抽象性故に法的効力をそこねていると指摘した。無論、反ナチ・ファシスト武力闘争が展開されたイタリアと、政党としては共産党のみが共和制を唱えた日本では政治状況も異なるが、イタリアはよりラディカルなデモクラシーの徹底を求めた点で、日本とは比較にならぬほど占領当局との関係も対決的であった。[*175]

とりわけ英米両国の反共政策が占領初期から苛烈であったイタリアでは、連合国が解放者と見られるより、抑圧者に映る事態は珍しくなかった。この点、日本では、一九四七年の占領当局による二・一スト中止や逆コースの波が人々にショックを与えたこと自体、解放者神話が強かった証左といえよう。丸山も一九五〇年のレッドパージに自分の名があげられたことには「感慨無量」であったが、一九五二年一一月「ファシズムの諸問題」においては、アメリカのマッカーシズムとファシズムの行なった強制的同質化とを類似の現象と考え、警鐘を鳴らしている。丸山は、占領が解放と結びついた事例としてナポレオンに言及するが、第二次世界大戦をめぐり枢軸国が目指した新秩序は抑圧しかもたらさなかったと指摘し、アメリカの占領政策についても解放と抑圧の両面から相対的評価を加えていた。むしろ丸山は、日本人の虚脱感と既成事実への屈服といった順応的精神構造を問題にしたのである。[*176]

(3) 国民とデモクラシー

第三の国民とデモクラシーをめぐる議論についても、丸山は個人と社会の精神構造を重視し、自らの思惟方法を福沢諭吉のそれと重ね合わせながら、歴史的前提に基づく価値判断の相対性を強調した。丸山は超国家主義批判と健全なナショナリズム論の双方を交互に執筆しつつ、社会関係が不断に流動化すれば、「一身独立して一国独立」せざるを得なくなると期待した。[*177] しかし、「健康な進歩性」を有したナショナリズムが病んで超国家主義に陥るのだとすれば、丸山が批判した「病としてのファシズム」論との区別も不明瞭となる。また、イタリアでも「正義と自由」運動は行動党結成以前から、リソルジメントが勝ち取ったはずの民主主義を復権させ、国民的統一・尊厳を再獲得すると鼓舞していた。さりながら、リソルジメントが明治維新よりラディカルさを有していたとしても、日伊両国の「健康な」ナショナリズムの時代が対外的侵略の開始期であったことは見逃されがちとなる。丸山は、対外的独立としての国権論と国民的解放としての民権論が帝国主義的な侵出と絡み合っていた点に、日本の特徴を見いだしたが、両論に相互の連関があったと認めている以上、健康と病の境を画定することは困難になるかも知れない。[*178]

にも拘わらず、丸山の議論が単なる状況の追認に陥らなかったのは、矛盾をはらんだ歴史事象を構造的に分析したためである。彼は日本の近代化がリソルジメント同様、対外戦争と内乱という葛藤を膨張政策へと転化したうえに、国民的独立と東アジア解放が一体となって早熟の帝国主義を正当化したという思想・社会構造分析に着目する。加えて丸山は、国内的に抑圧されていた人々が「上からの圧迫感を下への恣意の発揮」によって精神的な均衡を保っていただけでなく、「圧迫の移譲」が国際的にも他国へ援用されていくという日本独特の「跛行性」を明確にした。日本のナショナリズムにおける国権論と民権論の連動は、被害者と加害者が相互に混交していく過程にほかならない[*179]。本来なら民権を主張してデモクラシーの担い手となるべき国民が、国権をふりかざし内外に対する圧制者として行動する逆説を、丸山は鋭く抽出したのである。しかし、戦前から労働運動に深く関わり、早くから社会の変革主体として労働者を想定していた高野やテッラチーニに比べて、丸山の「大衆」観は戦後のにわか仕立てという側面も否定できない。

この時期、丸山はロックの考えたような「市民」ではなく、明治期の「国民」とも異なる「労働者農民を中核とする広汎な勤労大衆」を「自由」の担い手として意識している。彼は敗戦直後を民主主義が「最も状況化した」戦後民主主義の原点と呼び、「自由への途を自主的に歩ませる」実践活動として一九四六年二―四月に庶民大学三島教室の講義を行なっている。丸山は運営委員の一人となり、一九四六年二月の創立総会では、軍国主義に屈した自由主義者と訣別し、「社会的経済的民主主義の実現」と「社会に残存する封建制と非合理性」との「闘争」が宣言された。

丸山は、戦前のインテリが「大衆から遊離」していたことを反省し、「人民の智力」を向上させるため、戦争責任と無縁の講師たちを結集すべく試みる。一方、イタリアの「正義と自由」は「自由で文化的な社会へと革命的方法で到達することをその根本的目的」としたが、「大衆」に革命の理念を示しながら、「統一戦線内部であらゆる革命的諸派を自由に発展させる」方向性が強かった。他方、一九四六年六月頃より庶民大学は「左傾化」批判にさらされ、「日本の民主主義革命を徹底的に成就させる力」となるべく「地方文化運動の統一戦線を提唱」したものの、「特定の思想的着色を帯びたものではない」ことを表明するに至った。同じ「革命」や「統一戦線」といった言葉を使いながら、日本では「人民」が客体となってしまう啓蒙活動に留まり、イタリアでは「大衆」を主体とする自立的な抵抗運動が展開された点は、決定的な違いと考えられる。*180

以上の戦後日本が最初に直面したデモクラシーをめぐる三つのイシューと丸山のそれらに対する視点は、イタリアと簡単に比べてみただけでも、顕著な違いが明らかである。戦争末期の激しい内戦状況を民主主義革命に向かって闘い抜いたイタリア抵抗運動と対照的に、異論者さえ取り込んでしまう倫理、権力、権威がないまぜとなった日本の国体コンフォーミズム体制では当然、比較の前提が異なってくる。しかし、丸山が超国家主義と象徴天皇制、占領による欧米化と自立的政治選択、国民の主体性と人民の覚醒といった状況既定性と価値意識の緊張関係を論じながら、民主主義的方向性にこだわり続けたことは、当時のイタリア知識人が目指したファシズム体制の思想的克服と軌を一にする。そして、一見すると煮え切らない政治的選択も、当時の日本における状況から鑑みれば、単なる折衷主義とは異なる新たな社会創出の模索であったといえよう。それは、彼が福沢について述べた「つねにその具体的環境への帰納性によって決定していく」プラグマティズムの思惟方法を思わせる。[*181]

丸山は、国体さらには象徴天皇制に至る過程をめぐる固有性と逸脱性、占領をめぐる内発性と普遍性、国民意識の形成をめぐる主体性と状況性といった両義的な各論点を検証しながら、独自のデモクラシー像を追い求めたと考えられる。その思惟方法としては、空間的には日本と欧米を比較しつつ、時間的には現代と江戸・明治期を対照させた点がもっとも注目されよう。これにより丸山は、世界的かつ歴史的文脈の中で日本のデモクラシーを位置づけると同時に、戦後の新体制建設を推進しようと試みた。さりながら、国体とデモクラシー、占領とデモクラシー、国民とデモクラシーといった三つの視点から丸山が追い求めた新たなデモクラシー像は、イタリアと比べれば、同時代の帰結点のみを見る限り、意図的に価値基準の固定化を排した中庸の思想に留まっているようにも見える。そこで、後半は丸山のラディカルな価値意識に注目して、彼における戦後デモクラシーの革新的諸相を検討してみたい。

3　丸山の価値意識におけるラディカリズム

丸山がデモクラシーをめぐって表明した様々な所信は、敗戦という例外状況への対応に限られていたわけではない。むしろ一九四〇年代以降も繰り返し登場する主張の中には、より一貫した彼のデモクラシー観と平和に向けた価値意識が反映されている。ここでは、敗戦直後から垣間見られ、戦後を通じて一層発展していく丸山のラディカリズムをデモクラシーにつながる抵抗権、国際主義とアジアとの関係、「永久革命」の内在的契機といった論点から抽出する。注目すべきは、以下の議論がいずれも憲法の根幹理念である平和主義と関連している点で、戦前の体制を乗り越えていく思想の深化がうかがわれる。

⑴　抵抗権と暴力

まず、丸山がこだわった抵抗権の問題は、彼にしては珍しく「惑溺」とも見える強弁を展開している。

一九三六年の二・二六事件直後、河合栄治郎が『帝国大学新聞』に投稿した論説を丸山は以下のように回想している。「一部の軍人が武器を持つことによって、他の国民一般よりも優越的な発言権を持つということは、憲法の主旨に反する。しかず、全国民に武器を分配せんには。……いかにも河合さんらしい。大変ラディカルな発言です。[*182]」ところが、実際の論説記事には丸山の指摘した箇所は見られず、むしろ河合の主旨は「暴力主義の迷夢」をさとすものであった。伏字の部分に丸山が語った武器所持の禁止を逆手にとった表現も多少見られるが、丸山の読み込みという印象が強い。また、前述した庶民大学三島教室の講義［一九四六年二―四月］においても、ロック、アルトジウス、ルソーと続く暴君放伐論が紹介されている。[*183]

無論、これだけなら単なる断章にすぎないが、一九六〇年の日米安全保障条約をめぐる反対運動の高まりから、丸山は座談、評論で拳銃を人民に配れと繰り返し説いている。アメリカ憲法における自己武装権やフランスのナチ占領下での抵抗運動を、再軍備派の自衛権論に対抗させる意味で称揚したのである。欧米との対比だけでなく、豊臣秀吉の刀狩以降、人民の抵抗権意識が脆弱となった点を指摘して、暴論と認めつつ、「人民そのものを武装させる」という意見に執着している。[*184]この成否はともかくとして、丸山が抵抗権に対して並々ならぬ思い入れを抱いていたのは間違いない。

こうしたやや突飛なラディカリズムについて、抵抗の「本家」イタリアではどのような発言がなされていたのだろうか。一九四三年にパルチザン部隊「正義と自由」に参加し、逮捕後、ユダヤ人としてアウシュヴィッツ強制収容所へ送られ、かろうじて生還したプリーモ・レーヴィの場合、抵抗と暴力の関係について微妙な立場を示していた。ファシズムの暴虐を告発する文学者として、レーヴィはナチ・ファシストの暴力を全体主義的なものと考え、「これに暴力をもって反抗し、立ち上がることは正当」と考えるものの、言論の自由がある社会における「血なまぐさい暴力」を絶対に拒否する。ただし、死に至らない「回復可能な暴力」は認められ、ピケや道路封鎖をする際の暴力と見なされやすい行為も許容されたのである。それでも、野蛮から遠ざかることへの希望を託し、レーヴィは自死とも疑われている一九八七年の死去まで、アウシュヴィッツを永遠の記憶とするため、倦むことなく証言し続けていった。[*185]

以上の暴力に関する発言だけを抽出すると、丸山のラディカルな主張が際立っているようにも見えるが、他方で丸山は一九四九年一〇月には「ストを決してよいとは思わない」とも語っており、労働運動の「偏向」や「行過ぎ」を「大衆のモッブ化」として憂えていた。ただし、高野のNHK会長期に発生した労働争議で叙述したように、当時の組合がストライキに偏重し、階級性や党派性を過度に強調していたことも事実で、丸山の懸念にはそれなりの背景があった。このような状況規定性はレーヴィも免れず、一九七九年のインタビューで、学生ストを正当なことと認めず、「自己破壊的行為」と指摘したのである。丸山にとってもデモクラシー体制下における暴力と抵抗の問題は、全共闘運動の中で一層深刻になったと思われる。しかし、丸山もレーヴィも、これらを単なる特異な事例と一蹴せず、原理的な問いとして、その後も熟慮を重ねていった。二人の到達した結論とそれに至る道筋は、まったく異なる歴史的経験を経ながらも類似している。とりわけ戦時の体験から両者は、積極的な加害者の立場に与しなかったものの、間接的な加担者として自らを省みながら、平和と非暴力への志向を強めていったのである。また、丸山が一九五〇年一二月の「三たび平和について」で引用した、デモクラシーが平和を生むというより、平和がデモクラシーを生むという命題は、新しいラディカリズムの根本になったと考えられる。[*186]

(2) 国際主義と周辺地域

次に、丸山と国際主義、さらにはアジアとの距離感に関しても、その言動には紆余曲折を感じさせるものがあった。

一九四八年九月、丸山は吉野源三郎『世界』編集長の呼びかけで発足した、ユネスコ共同声明「平和のために社会科学者はかく訴える」に関する研究を行なうための東京法政部会に参加した。同年一二月、丸山は「ユネスコ発表の平和声明に関する東京地方法政部会報告」を執筆したが、「われわれは、民族文化の個性的な多様性は真の国際主義と矛盾せず、かえってその内容をより豊かならしめるものであることを信ずる。むしろ逆に、国際主義の名の下に、特定の歴史的国民的な限定をもった生活様式にただちに国際的普遍性を与え、これを強制的に輸出する傾向……に対する警戒が必要であろう」という文面が変更された経緯を後に語っている。丸山はアメリカ的生活様式を国際主義として強制する考えへの批判として起草していたが、日本が侵略の加害者であった点をふまえ、日本人の反省として「すなわち例えば満州事変以後国際文化振興の名目の下に行われた、文化帝国主義のごときものに対する警戒」という語句を挿入することが決められたと述べている。[*187] この細やかなエピソードが意味深長なのは、丸山の文化帝国主義に関する論点が、すでに竹内好から指摘されていたからである。竹内は、一九四八年八月に国民党前行政院長であった張群が日本を訪問した際、日本側の中国に対する意識の低さを問題視している。張群は日本に「思想革命と心理建設」を求め、思想・文化問題として日本人の中国に対する侮蔑感に苦言を呈した。ところが日本の外務政務次官は、日中文化関係を深めるため、戦前の「対支文化事業部」のようなものを復活させるのも一案と発言したのである。「文化の名において日本の侵略の手先をつとめた対支文化事業部」が中国人から憎まれていたことにさえ無自覚な日本人一般の心理を竹内は厳しく追及し、同じ論説で丸山についても日中両国の「後進国」としての質的差が存在することを見逃していると批判していた。[*188]

どこまで丸山が竹内からの批判を意識して、後に座談で報告文書修正の話をしたのかは定かではない。それでも丸山は、一九四八年には植民地下のナショナリズムを帝国主義国のナショナリズムと区別して、否定すべきでないと主張していたにも拘わらず、一九五〇年一二月の「三たび平和について」では、偏狭な民族主義の危険性を憂慮している。この論考での丸山は、アジアでは自由主義の社会的基盤が乏しく、封建遺制が残っている側面に注目し、近代化の必要を唱える点で、竹内が論敵とした福沢の「脱亜入欧」的啓蒙思想に近いかも知れない。[*189]ただし、中国観に限定すれば、敗戦の頃、梁啓超、康有為、孫文の著作を多数読んでいた丸山は、孫文を天才とまで評し、近代化イコール西欧化という定式を完全に破壊したのが中国革命であったと指摘している。丸山は、孫文が共和制の思想を「四億の民がみな皇帝になることだ」と説明した発想を福沢になぞらえ、共感を抱いている。また丸山は、研究上の視点として、一九四〇年代には中国・朝鮮思想史への配慮が欠けていたことを認め、中国の「停滞性」と日本の「相対的進歩性」という図式を自己批判している。[*190]さりながら、福沢に帝国主義時代の制約があったのと同様に、少なくとも一九四〇年代の丸山の思考においては、日本をアジアの先発近代化モデルとして位置づける傾向があったことも事実であった。

ここで丸山に、ないものねだり的なアジアにおける国際主義を問うたのは、ヨーロッパ連邦主義運動との対比からであった。一九四一年夏にイタリア国内の流刑地ヴェントテーネ島で作成された「自由で統合された欧州のためのマニフェスト」は、行動党に合流していくアルティエーロ・スピネッリがヨーロッパ連邦主義の部分を執筆していた。このヨーロッパ統合の祖によって起草された宣言は、進歩派と反動派を隔てる基準が民主主義、社会主義といったイデオロギーではなく、超国家的枠組みの形成を推進するか否か、という論点に移ったと主張する。ナチ・ファシズムから解放された各国は、国家主権の回復という形でなく、ヨーロッパ連邦の下に国民軍を廃止し、統一的な法の支配を目指すことが謳われた。[*191] 実際、戦争直後から西欧諸国の各憲法には、主権の委譲が明記され、現在のＥＵに連なる立憲的変革が試みられ続けている。無論、大東亜共栄圏をかつて強制した日本が、中国内戦、朝鮮戦争を通じて冷戦が激化した東アジアにおいて、アジア連邦主義を訴えるというのは夢物語であった。それでも、丸山とスピネッリに共通している点は、周辺地域を侵略したという自国の行動に責任を感じるだけでなく、伝統的発想法の転換にまで踏み込もうとした点であろう。

単なる消極的内省のみに満足しない丸山は、国際政治についてもラディカルさを発揮して、一九六五年六月の「憲法九条をめぐる若干の考察」において、日本国憲法の国際主義とは、日本が積極的に「国際社会を律する普遍的な理念を現実化するために、たとえば平和構想を提示したり、国際紛争のための具体的措置を講ずる」ことと提起している。加えて「国際外交の下降」、民間交流の増大が国際社会の多元化、民主化を推進する可能性について一九六〇年代から早くも言及している。[*192] さらに、一九九五年九月の座談会では、憲法第九条を持つ日本が「国家主権を思い切って制限する方向での改革を提唱できる立場にある」と主権委譲にも通じる発想を披瀝したのである。[*193] ただし丸山の国際主義は、アジアといった地域単位でなく、普遍的方向性が強かった。一九九八年六月の天安門事件に際しては、中国人留学生への手紙で、中国の学生と市民が試みた非暴力抵抗運動に連帯感を表明し、デモの旗に「天賦人権」の文字を見つけて「日本の自由民権運動は、日本でなくて、中国で実を結んだ」と、その民主化要求を称えている。[*194] 福沢的色彩を残しているとしても、デモクラシーをめぐる丸山のラディカリズムは晩年においても衰えを知らず、進化しているようにさえ見える。

(3) 「永久革命」としてのデモクラシー

最後に、彼の「永久革命」としてのデモクラシーに対する楽観的姿勢は、一般の人々が内面から湧き出る理性に基づき政治へコミットすると信じていた点に、その特徴がある。
一九四六年四月、庶民大学三島教室での質問に答えて丸山は、「自由主義は個人の自由を妨げている種々の法的・社会的拘束をとりのぞくという点に重点があり、民主主義はそうした自由権の基礎に立って、国家的・社会的共同生活の仕方を、能う限り多くの人間の参与によってきめて行くという点に重点」があると述べている。[*195] そして彼は、デモクラシーがいかなる制度にも吸収されず、プロセスとしてのみ存在すると強調していく。このダイナミズムこそ「永久革命」と呼ぶにふさわしいとまで丸山は断言する。しかもデモクラシーとは、政治を直接の目的とする組織だけでなく、非職業的な政治活動にこそ活力の源を見いだし得ると、職業政治家を中心とする政界から政治を解放する立場にこだわった。[*196] にも拘わらず、広汎な大衆が主体的に政治参加をしていくという丸山の主張する社会の全体像は、必ずしも明確ではない。一九四七年八月に彼は、ロックが唱えた「市民」よりも「勤労大衆」を「自由」の担い手と位置づけたが、他方で一九五〇年九月には、「西欧の市民的民主主義」を「未だ課題であって現実ではない」と述べるに留まっている。[*197]
　このデモクラシーを手段ではなく目的とする姿勢は、「正義と自由」の抵抗運動に参加し、イタリアにおける戦後啓蒙思想家の重鎮であり続けたノルベルト・ボッビオがイタリア共産党に対して粘り強く提示した立論でもあった。しかしボッビオは、共産党が正式に民主集中制を放棄した後には、むしろ左右の区別の有効性と平等価値に対する再評価を積極的に主張するようになった。彼は自由と平等は対称をなすものではなく、自由が一個人の状態を指す一方、平等は複数間の社会関係を示すと説明する。ボッビオは平等主義を、万人が完全に平等であるユートピアとしてでなく、「実践の場で、不平等をより平等にすることを目指す政策を優先すべき政治傾向」［傍点引用者］として、丸山と同様にプロセスを重視している。[*198]

同時にボッビオは、自由と秩序を背反するものと考えず、全体主義や無政府主義を回避するため、自由と秩序のバランスを取るべきであると論じている。ここでは、「秩序」以上に内部からの「革命」を前面に出した丸山との違いが見られよう。それでも、ボッビオはレジスタンスが新憲法という歴史的妥協を導く基礎になったと理解しており、丸山以上に政治へのコミットを続けていった。[*199] 実際に彼は、戦後最初の議会選挙で行動党候補として出馬するが、落選して自分の政治生活は終了したと記しつつ、後に終身上院議員を務めている。ただし、彼は行動党が「カトリックと社会主義という一つのサブカルチャーになじめないインテリの政党」で、少数者にすぎなかったと回想し、啓蒙的知識人の立場を固持した。[*200] 丸山とボッビオが高野とテッラチーニと大きく異なるのは、前者二人が戦後民主主義の理論的擁護者として言論の場を活動拠点としたのに対し、後者二人はネットワークを駆使した実践的組織者であった点かも知れない。

それでも、ボッビオと比べ丸山は、何故「秩序」や「多数者」に対しては、よりラディカルな姿勢を示したのか。丸山は、欧米と異なり日本では「被抑圧者が、蔭でブツブツいいながらも結局諦めて泣き寝入りしてきた歴史」が続いていたと指摘する。[*201] その際、重視される「和」の精神が平等な個人間の「友愛」とは程遠い、不動の権威関係に基づき、この「秩序」に挑戦するような者は「恩しらず」として徹底的に迫害されてきた。このため、日本において民主化を妨げているる人間関係と行動様式の秩序構造を覆す「内部からのトータルな革命」が不可欠と考えられたのである。[*202] だからこそ彼は、新しい規範意識の獲得という内なる革命を提唱し、政治から個別具体的利益を求めるような被治者根性から脱し、「人民の一人一人が治者としての気構えと責任を持つところに、民主主義の本質がある」と問いかけていった。[*203] 丸山は自己反省の能力こそ理性であると述べ、デモクラシーがこうした人間理性に対する信頼性を基礎としていると考えたが故に、彼自身も最晩年までその楽観主義を維持した。彼の共鳴するラスキが、西欧民主主義の自己批判を通じて共産主義との架橋を試み、最後まで革命にも平和にも絶望しなかったように、丸山もデモクラシーを内在的かつラディカルに追い求め続けたといえよう。[*204]

丸山は、ボッビオが平等をめぐって理想と現実の緊張関係にふれた如く、日本国憲法前文と

第九条を引いて民主主義の「永久革命」に言及している。「自衛隊がすでにあるという点に問題があるのではなくて、どうするかという方向づけに問題がある」[*205]と述べる丸山は、人民主権と前文・第九条を介して現実政治に対する不断の方向づけが必要であると主張した。戦争における最大の被害者となる一般の人々こそ、政府の権力を常に監視し、コントロールすべきという論点が憲法の示す趣旨と丸山は解釈する。そして、単なる制度に留まらないダイナミックな民主主義の働きが戦争防止に寄与すると期待したのである。しかも、憲法の平和主義と日本における「永久革命」としてのデモクラシーは不即不離に結びついていると丸山は指摘している。[*206]

丸山のラディカリズムは、持続的なプロセス重視の姿勢が執拗低音となり、時代の要請に応じて様々なヴァリエーションを示しながら表明されていった。それは戦中と戦後の間に錬磨され、デモクラシー概念の検討と深化により、一九四〇年代を通じて彼のラディカル・デモクラットとしての思惟方法と平和主義を取り込んだ規範意識が形成されたと考えられる。主体性をもつ個人が伝統・階層的な「自然」秩序から解放され、「作為」による選択を自覚しながら、独立した政治行動を日常生活の中で営んでいくためには、社会改革の必要性とともに、意識革命が不可欠であるというのが丸山の認識であった。彼は、こうした自由の担い手となる個々人が、レーヴィの希求した平和と非暴力、スピネッリの構想した国家主権を超えた民主的連帯、ボッビオの目指した不平等を克服する永遠の過程としてのデモクラシーを模索していくことにこだわり続けた。丸山自身は、高野やテッラチーニのように直接憲法制定に影響をおよぼしたわけではなかったが、戦後民主主義と憲法を擁護する代表的知識人の一人となっていった。

デモクラシーの空洞化が叫ばれる今日、人々が希望を失わず民主主義革命を信じ、かつ実践し続けていけるかについて、丸山は問うている。奇しくも、トップダウンの政策決定が喧伝される現在の政治的言説空間に比して、丸山の著作にはリーダーシップ論や民主主義におけるリーダーという問題がほとんど登場しない。ナチスの台頭だけでなく安易なリーダー待望論が、いかにデモクラシーを危険にさらすか、丸山は戦前から戦中における被抑圧体験で痛切に思い知らされていたからである。これを時代状況の制約と理解するか、日本における権威信仰の連続性に対する批判と捉えるか、彼の思想的普遍性を問い直すうえで重要となろう。「デモクラシーが内容的な価値に基礎づけられないで、権威的なものによって上から下って来た雰囲気に自分を順応させているだけ」という状況認識は、日本に限らず世界的に発生している新たなポピュリズムの動向を逆のベクトルから説明しているかも知れない。[*207] 精神構造の客観的把握と新たな価値意識の主体的構築を同時に追求した思想家丸山眞男から学ぶべき点は、なお多岐にわたっている。

第六章　結論に代えて

憲法をめぐる議論は、論者の価値観に規定され、その立場により位置づけが変わる。それを踏まえたとしても、ほぼ一世紀前から高野岩三郎やウンベルト・テッラチーニを始めとする人々の追い続けた理想が、今日どれだけ実現しているかを検証することは有意義と考えられる。事実、彼らが唱え続け、今日には権利として認められつつある内容でさえ、具体化されていない場合も多いからである。ここでは、本論において検討してきた文脈を、憲法と民主主義の意味に即して整理しておきたい。

政治の視点から捉えたとき、「憲法を作る」とはどのようなことか。ある体制が特定の政治・社会集団や個人に暴力的な形で同調を強制する状況が続くと、人々はその体制の変更を望むようになる。とりわけ戦前の日独伊三国のように、憲法自体は変更されないまま、抑圧が拡大し戦争にまで至ると、敗戦という前体制の崩壊により新たな憲法を制定する事態が生じる。こうした革命、戦争といった体制転換期においては、「憲法を作る」という自覚をもった諸個人が積極的な役割を果たす。本書はそうした人々の戦前からの歩みとそのネットワークを取りあげることで、憲法の生成過程を複合的に分析しようと試みた。

日本とイタリアは、ナチ・ドイツの体制が一二年という長さであったのに比して、それぞれ治安維持法の成立とファシスト独裁から数えれば、約二〇年にわたって「合法的な」弾圧の歴史をつむぐこととなる。日本の場合、日清戦争以来、日露戦争、第一次世界大戦、シベリア出兵、満州事変、日中戦争、太平洋戦争と一九世紀末よりほぼ一〇年毎、しかも後になるほど加速度的に大規模な戦争を続けていった。国内の疲弊、周辺地域への被害に鑑み、新憲法では平和主義が根幹理念として重視され、内外に戦争の惨禍を二度と繰り返さないことを宣明したのである。イタリアでは、ファシストの一九二二年における政権奪取後、これに反対する人々を暴力的に指弾する流れが顕在化し、二三年にわたり社会的排除が徹底された。このため、ファシズム体制に協力した君主制を廃し、労働や参加を保障する社会権が共和国憲法の根幹にすえられていく。

旧枢軸国の戦後憲法が前体制を克服するために作られたことは明白で、ドイツの基本法はその条文上、ナチスが破壊した人間の尊厳を守るべく、基本的人権に関わる条項の改正を禁じている。日独伊三国は、それぞれ乗り越えるべき過去の性質が微妙に異なっていたために、憲法の制定過程、根幹理念も違っていた。こうした歴史的経緯に基づく特殊性は、文化決定論的に規定されたものではなく、普遍的性格をともなう内容となっている。その普遍性は「国家を主語とする」滅私奉公の流れと一線を画し、個人の平和な生活を権利として尊重する特徴が際立っていた。実際、戦前の国家主義と対峙する方向性から、「憲法を作る」営為はラディカルな政治的選択と不即不離となり、無色透明なものではなかった。

だからこそ、前体制の頃から節を曲げず政治・社会刷新の意志を貫いていた高野やテッラチーニのような人々が、オーガナイザーとして彼らのネットワークを縦横無尽に活用し、戦後の解放期に新憲法の積極的担い手となったのである。とくに国家から個人へとパラダイム転換が図られる際には、変革推進派内部においても、活発な議論が展開される。無論、憲法の条文上、改正手続きが明記されている限り、修正の可能性は存在している。ただし、その憲法の根幹理念に関わる改正は、ドイツのように禁じられていないとしても、イタリアの共和制選択をめぐる国民投票のように、戦後の出発点における体制選択と同等の政治問題として認識されることになる。

戦争、革命によって前体制が崩壊しても、自動的に憲法が作られるとは限らない。政治、社会の改善を目指した高野とテッラチーニの二人も、苦節二〇年以上におよぶ抑圧を受け続けながら、戦前から新憲法につながる方向性を異なる見解との対話により模索していったのである。こうしたラディカルな民主主義者たちの積み重ねを見れば、転換期の混乱に乗じて安易な憲法改正の道をたどったと見なすことはできない。しかも、前体制を克服するためには、部分的改正ではなく、政体そのものをふくむ憲法の構成原理を作り直す必要があったといえよう。そこには当然、理念、理想をめぐる議論が不可欠となる一方、現実の問題、対立を解決する試みが伴っていく。そうである以上、仮に改正が部分的に留まる場合でも、内容が根幹理念に関われば、民主的改変を標榜する限り基本的情報の共有、価値観をめぐるコンセンサスが肝心となろう。丸山眞男や「正義と自由」周辺の知識人に代表される戦後民主主義の擁護者たちが、各個人の主体性と自己を反省する理性に着目したのも、こうした文脈の反映であった。

「憲法を作る」という意味が単なる条文の変更ではないとして、それでは、どのようにして根源的な転換がなされるのだろうか。たとえば、戦前の如く憲法体制下で不公正な状況が進行し、社会全体が圧迫と偏狭にさらされ、内外の人々が危険に直面する事態も考えられよう。たとえ政策的手直し程度で対処不能な場合であっても、本来なら自由な意見の表明と開かれた討議の場がまず必要になる。しかし、そこまで不安定化した体制に自浄能力、復元力が期待できなくなると、革命、戦争といった極限状況による打開が想定されやすい。仮にドラスティックな解決策がとられた場合でも、民主的憲法を志向する限り、自由権的保障が確保されていく過程で、ようやく新体制の出発点が準備されるはずである。そして憲法が成立した後も、その理想に近づく努力が不断に求められていく。民主主義とは、こうした回りくどいプロセス自体に本質をふくみ、強力な体制やリーダーが一方的な決定を行なうだけでは、理念の整合性を担保することはできない。

高野とテッラチーニといった地味なオーガナイザーかつコミュニケーターに注目して憲法生成を論じたのも、公の場における議論の積み上げこそ、民主的に「憲法を作る」提要と考えられるからである。加えて、彼らに共通するのは、新たな憲法体制を市民の積極的参加により監視して、権力の恣意的乱用を抑制し、さらに憲法の根幹理念実現へ向けての模索を重視した点といえよう。それは、専門家の法解釈だけに頼らず、一時の祝祭的高揚に留まらない、人々の継続的営みを強調する姿勢につながる。すなわち、「憲法を作る」とは制定過程のみが問題ではなく、丸山や「正義と自由」グループと歩みをともにした人々のように、憲法の内実を発展させていく弛まぬ活動を前提にしている。

立憲主義が自由権を保障しても、高野とテッラチーニがこだわった平和、公正、平等をめぐる諸権利は、そのまま実現できるわけではない。それらはイデオロギー、宗教など明確な価値体系により支えられる場合もあるが、いずれにせよ普遍性へ向けた寛容な熟議による合意が求められよう。なぜなら、高野やテッラチーニが戦前の体制下で経験したような多様性を否定する政治・

社会に直面すれば、より広汎な民主的価値を求めることが難しいからである。逆説的ではあるが、定義によって変化する諸価値をめぐる議論は政治色を回避できないが、だからこそ他者を許容する民主主義の包容力が問われる。この場合、ラディカルな民主主義とは、快刀乱麻を断つような解決能力に求められるのではなく、先見的思想を許容しながら政治的価値のコンセンサスを築くプロセス自体に、その本質があると考えられる。

実際、今日では平和、公正、平等は民主主義を構成する重要概念になっているとしても、戦前の基準から考えれば、「非常識」な要求として弾圧されやすかっただけに、従来の「常識」と異なる価値も取り入れられる討議の公共空間こそ、民主的制度の有効性を測る指標になり得る。そこには単なる多数決ではなく、違った意見にも耳を傾けつつ、政治・社会的選択を試みるコミュニケーターとしての高野やテッラチーニの姿が投影できよう。この点、丸山や多くのイタリア知識人たちが単なる啓蒙だけでなく、参加というモメントにこだわった態度と通底している。ただ、ここで興味深いのは、戦前から運動に関わり続けていた高野やテッラチーニが、むしろ思想、制度に戦後傾斜し、知識人としての活動が中心だった丸山や「自由と正義」グループがラディカル・デモクラットとして運動に固執していった点であろう。

こうした主体的な民主主義の担い手たちが実践したのは、少数意見の尊重に留まらず、虐げられ声をあげられない弱者を代弁することであり、さらに進んで自分たちに反対する人々の権利をも擁護することであった。高野は希少なパートナーであった労働組合、憲法研究会と異なる選択をする際にも、批判や意見と真摯に接して、変えるべき点は改め、維持すべき点は明確に自らの意見を臆せず公表した。テッラチーニは、党の規律に抗してでも、幅広い見解を取り入れ続けただけでなく、ファシストとの闘いにおいてさえ、敵の人権を保障する場面に遭遇したのである。ときに辛辣な批判が際立った彼の言説も、開かれた議論の重要性を示す一例となった。戦後の丸山が戦前からの為政者、論客と距離をおきつつ、竹内の批判を意識したように、行動党員たちも共和主義、世俗主義を前面に出しながら、新たな民主的諸価値を模索していった。本来のラディカルは、思想の過激さを競ったり、権力、イデオロギーや「常識」の名の下に相手を圧したりすることと無縁なのかも知れない。

いかなる政治・社会問題に関する言動も、「絶対中立」を称することは困難で、必ず何らかの立場をとる必要がある。自らがどのような態度を採用しているかという自覚の有無こそ、他者との対話を可能にする。とりわけ憲法のように理念をめぐる議論が求められる事象では、イデオロギー性を帯びることは避けられない。さりながら、高野やテッラチーニが示したように、イデオロギー性を党派性に直結させない選択も可能なはずである。無論、彼らのようなネットワークを駆使した人物でも、先入観や頑迷さにとらわれる状況は生じ得る。それでも、こと憲法については最大限のコンセンサスが必要である、と高野とテッラチーニが意識していたのは間違いない。本書が日伊両国を比較しつつ、共通する多くの要素を発見できたのも、オーガナイザーおよびコミュニケーターとしての普遍的特徴を二人に見いだせたからといえよう。無論、本書で指摘した内容のみが戦後の憲法や民主主義のすべてではないが、何らかの理想を前提としつつ、相手を「非常識」、「非現実的」と一方的に排除するのではなく、異なる複数の理想を突き合わせつつ、よりましな選択に近づいていくのが、最大公約数のはずである。

憲法に普遍性を求めれば、特定個人の思い込みのみで決定を行なうのは不可能で、蓄積された歴史的経験を理性的に探求し、多くの人々との議論を通じた着実な選択が要請される。枢軸諸国においては議会政治が圧制や戦争を食い止められず、合法的手続きにより峻厳な弾圧が正当化された経験を踏まえ、戦後憲法は少数者もふくめた権利保障と権力抑制・参加の普遍的制度を準備しなければならなかった。さればこそ、民主主義と立憲主義の内容自体が、同時に問われ続けるのである。「憲法を作る」とは、短期的な時代状況の要請や為政者の恣意的判断だけに左右されるわけではない。そこには、多くの人々が参加しながら、過去の反省から未来への希望につなげる、多様性を積極的に生かす現在が不可欠と考えられる。

註記

＊1　本書は、旧憲法の改正手続きに沿った改変であっても、前体制を抜本的に変更するという意味において、「憲法制定」、「憲法を作る」といった用語を使用する。なお、日本の戦後憲法制定史について、政治史的視点もふまえた単著の研究書としては、たとえば以下の著作があげられよう。長谷川正安『昭和憲法史』（岩波書店、一九六一年）。佐藤達夫『日本国憲法成立史』第一巻（有斐閣、一九六二年）。家永三郎『歴史のなかの憲法』上巻（東京大学出版会、一九七七年）。田中英夫『憲法制定過程覚え書』（有斐閣、一九七九年）。大石眞『日本憲法史　第二版』（有斐閣、二〇〇五年）。原秀成『日本国憲法制定の系譜 Ⅲ――戦後日本で』（日本評論社、二〇〇六年）。古関彰一『日本国憲法の誕生』（岩波現代文庫、二〇〇九年）。日独伊比較については、以下の著書で先行研究に言及したが、その後も憲法制定期に関する日伊比較の文献は公刊されていない。石田憲『敗戦から憲法へ――日独伊　憲法制定の比較政治史』（岩波書店、二〇〇九年）、三―五、二二一―二二二頁。

＊2　Guido Quazza, "Continuità e rottura nella politica coloniale da Mancini a Mussolini," in *Le guerre coloniali del fascismo*, a cura di Angelo Del Boca (Roma-Bari: Laterza, 1991), pp. 5, 10. 石田憲「イタリアのアフリカにおける植民地との比較から」国立歴史民俗博物館編『「韓国併合」一〇〇年を問う――二〇一〇年国際シンポジウム』（岩波書店、二〇一一年）、二五三―二五四頁。

＊3　Muhammad T. Jerary, "Damages Caused by the Italian Fascist Colonization of Libya," in *Italian Colonialism*, ed. Ruth Ben-Ghiat and Mia Fuller (New York: Palgrave Macmillan, 2005), p. 207. Alberto Sbacchi, *Il colonialismo italiano in Etiopia, 1936-1940* (Milano: Mursia, 1980), pp. 47-48. A. Laroui, "African initiatives and resistance in North Africa and the Sahara," in *General History of Africa*, VII: *Africa under Colonial Domination 1880-1935*, ed. A. Adu Boahen (Paris:

UNESCO, 1985), pp. 99-100, 107. Nicola Labanca, "L'Impero del fascismo. Lo stato degli studi," in *L'Impero fascista: Italia ed Etiopia (1935-1941)*, a cura di Riccardo Bottoni (Bologna: Il Mulino, 2008), p. 27. ジョルジョ・ロシャ「一九三五―三六年のエチオピア戦争における毒ガスの使用」アンジェロ・デル・ボカ編著『ムッソリーニの毒ガス――植民地戦争におけるイタリアの化学戦』高橋武智監修（大月書店、二〇〇〇年）、六四―六六頁。春山明哲編・解説『十五年戦争極秘資料集　第二十五集　台湾霧社事件軍事関係資料』（不二出版、一九九二年）、三―一六頁。笠原十九司、伊香俊哉「三光作戦とは何だったのか――「侵略」の証言二」岡部牧夫、荻野富士夫、吉田裕編『中国侵略の証言者たち――「認罪」の記録を読む』（岩波新書、二〇一〇年）、九五―一三六頁。姫田光義、陳平『もうひとつの三光作戦』丸田孝志訳（青木書店、一九八九年）。

*4　Paolo Colombo, *La monarchia fascista, 1922-1940* (Bologna: Il Mulino, 2010), pp. 21-22, 84. Denis Mack Smith, *Italy and its Monarchy* (New Haven and London: Yale University Press, 1989), p. 287.『丸山眞男集』第六巻（岩波書店、一九九五年）、一六二―一六三頁。

*5　Mack Smith, *op. cit.*, pp. 288, 312-313, 319-320. 前掲『丸山眞男集』第四巻、一三六頁、第六巻、一六二―一六三頁。木戸日記研究会編『木戸幸一関係文書』（東京大学出版会、一九六六年）、四九五―四九八頁。

*6　石田、前掲『敗戦から憲法へ』一六―二〇頁。

*7　豊下楢彦『日本占領管理体制の確立』（岩波書店、一九九二年）、二八六頁。*Foreign Relations of the United States*, 1944-III (Washington: Government Printing Office, 1965), pp. 1090-1091. Benedetto Croce, *Scritti e discorsi politici (1943-1947)*, vol. 1 (Napoli: Bibliopolis, 1993), pp. 253, 255. Francesco Malgeri, "Il contesto politico," in *I cattolici democratici e la Costituzione*, tomo I, a cura di Nicola Antonetti, Ugo De Siervo e Francesco Malgeri (Bologna: Il Mulino, 1998), pp. 41-43. 木戸幸一、木戸日記研究会校訂『木戸幸一日記』下巻（東京大学出版会、一九六六年）、一二三〇―一二三一頁。吉田裕『昭和天皇の終戦史』（岩波新書、一九九二年）、二〇三―二〇五頁。石田、

前掲『敗戦から憲法へ』一一三―一一五頁。

＊8　同書、七一―七八、一二一―一二三頁。Piero Barucci, "Il dibattito sulla politica economica della ricostruzione (1943-47)," in *L'Italia dalla liberazione alla Repubblica* (Milano: Feltrinelli, 1977), pp. 398-399. Archivio Storico dell'Istituto Luigi Sturzo, Fondo Bartolotta, 1946 vol. VII, p. 524. 伊藤昭一郎「「憲法的妥協」から「憲法的凍結」へ――イタリア共和国憲法の制定過程における政治制度の一つの問題」『法学史林』第八二巻第一号（一九八四年）、一一五。入江俊郎『憲法成立の経緯と憲法上の諸問題――入江俊郎論集』（第一法規出版、一九八六年）、四九頁。日本政府側は高野の共和制憲法私案に警戒感を抱き、早急に事実上、明治憲法にほとんど変更を加えない憲法改正案を作ろうとしていた。同書、五一―五二頁。

＊9　大島清『高野岩三郎伝』大内兵衛、森戸辰男、久留間鮫造監修（岩波書店、一九六八年）、三一―一〇、六八、八九―一〇八、一二四―一四〇頁。Lorenzo Gianotti, *Umberto Terracini: La passione civile di un padre della Repubblica* (Roma: Riuniti, 2005), pp. 9-11, 14-15, 24-26, 39, 48, 64, 68, 86.

＊10　大島、前掲書、六七―六八、四二九頁。日本放送協会編『日本放送史』上巻（日本放送出版協会、一九六五年）、六七二頁。幣原喜重郎「二八会をめぐる高野君の追憶」『放送文化』第四巻第四号（一九四九年）、四八。大内兵衛、森戸辰男対談「霊前にて今は亡き恩師を偲ぶ」『放送文化』第四巻第四号（一九四九年）、五一―五二。河上丈太郎「労働運動先駆者としての高野先生」『放送文化』第四巻第四号（一九四九年）、五〇。Gianotti, *op. cit.*, pp. 41-42. Piero Gobetti, *Scritti politici*, a cura di Paolo Spriano (Torino: Einaudi, 1960), p. 1005.

＊11　Umberto Terracini, *Intervista sul comunismo difficile*, a cura di Arturo Gismondi (Roma: Laterza, 1978), pp. 59, 75. 大島、前掲書、二六五、三〇七頁。森戸辰男『思想の遍歴 上 クロポトキン事件前後』（春秋社、一九七二年）、一五三頁。高野カロリナ、熊谷ユリ「在りし日の良人を語る 父を語る」『放送文化』第四巻第四号（一九四九年）、五五。Gianotti, *op. cit.*, pp. 95, 173. Paolo Spriano, *Storia del Partito comunista italiano*, vol. I: *Da Bordiga a Gramsci* (Torino: Einaudi, 1972), p. 513. Archivio Centrale dello Stato（以下 ACS）, Casallario Politico Centrale, CPS, 5071, Terracini, Umberto. 1928/9/28, 1928/10/12. ACS, Ministero della Grazia e Giustizia, Dett. Pol. , B19, F334, CD73, 1929/5/25, 1929/5/28. Francesco Omodeo Zorini, "Terracini dalla liberazione dal confino alla 'repubblica dell'Ossola'," in *La coerenza della ragione: Per una biografia politica di Umberto Terracini*, a cura di Aldo Agosti (Roma: Carocci, 1998), p. 110. 当時の社会主義者たちにとって、コミンテルンは重要な国際的交流拠点となった反面、モスクワとの政治的距離によって正当性がためされる傾向は、後述するイタリアの状況もふくめ著しかった。石河康国『マルクスを日本で育てた人――評伝・山川均Ⅰ』（社会評論社、二〇一四年）、一〇二―一〇七頁。

＊12　石田、前掲『敗戦から憲法へ』二九―三〇頁。金子勝「日本国憲法の間接的起草者、鈴木安蔵氏」『立正法学論集』第三九巻第一号（二〇〇五年）、一一二、一一四。Stefano Merlini, "Umberto Terracini," *Quaderni costituzionali*, Anno 7, No. 3 (1987), 585-586. Ugo Spagnoli, ''Partecipazione popolare e società civile nel pensiero e nell'opera di Umberto Terracini costituente e nel disbattito odierno,'' in Agosti, *op. cit.*, pp. 153-154. Chiara Giorgi, *La sinistra alla Costituente: Per una storia del dibattito istituzionale* (Roma: Carocci, 2001), p. 81.

＊13　大島、前掲書、六五―六六、一四七―一四八、一五六―一五八、三九九頁。石田、前掲『敗戦から憲法へ』一一七頁。遠藤公嗣『日本占領と労資関係政策の成立』（東京大学出版会、一九八九年）、三三―三九頁。Spagnoli, *op. cit.*, pp. 143-145. Merlini, *op. cit.*, 580-581.

＊14　大内、森戸、前掲対談、五二。高野岩三郎「囚われたる民衆」高野岩三郎『かっぱの屁――遺稿集』鈴木鴻一郎編（法政大学出版局、一九五一年）、四四―四五頁。鈴木安蔵『憲法学三十年』（評論社、一九六七年）、二三九、二五九頁。Corrado Malandrino, "Umberto Terracini alla Costituente: La questione delle autonomie regionali," in *Umberto Terracini nella storia contemporanea,* Aldo Agosti *et al.* (Alessandria: Edizioni dell'Orso, 1987), pp. 67-69, 71-74. Umberto Terracini, *Come nacque la Costituzione*, intervista di Pasquale Balsamo, 2. ed. (Roma: Riuniti, 1997), pp. 62,

65-66. Spagnoli, *op. cit.*, pp. 156-157.

＊15　高野岩三郎については、彼の遺稿集と優れた伝記以外にも、憲法との関連を分析した論考が存在する。高野、前掲書。大島、前掲書。高橋彦博「憲法理念から憲法政策へ――高野岩三郎「共和国憲法私案」の再検討」『社会労働研究』第四三巻第三・四号（一九九七年）、一一七―一五〇。高橋彦博『日本の社会民主主義政党』（法政大学出版局、一九七七年）、一八三―二〇九頁。

＊16　石田、前掲『敗戦から憲法へ』一一五―一一六頁。高野、前掲書所収「囚われたる民衆」四五、四九頁。高野の著作で記されている草案公刊の時期については、以下の研究が高野の記憶違いとして修正しており、本章はこれを採用している。原、前掲書、Ⅲ、五九〇頁。古関、前掲書、五六頁。

＊17　高野、前掲書所収「囚われたる民衆」四五頁。

＊18　同書、三八―四一、四四頁。兼田麗子『大原孫三郎――善意と戦略の経営者』（中央公論新社、二〇一二年）、一一七頁。

＊19　高野、前掲書所収「囚われたる民衆」四一―四二頁。高野房太郎「日本における労働運動」『資料室報』一四五号（一九六八年）、四、八、一一。大原社会問題研究所、高野岩三郎日記、第二冊、日記大正八（一九一九）年三月二日、https://oisr-org.ws.hosei.ac.jp/images/archives/takano/diary/takanonk02.pdf（以下、高野日記、西暦年月日）。

＊20　大内、森戸、前掲対談、五二。

＊21　三輪寿壮「高野岩三郎論」『民主社会主義』第五五号（一九五七年）、二三―二四（『解放』五月号（一九二二年）より転載）。

＊22　大内、森戸、前掲対談、五二。高野、前掲書所収「囚われたる民衆」四四頁。

＊23　大島、前掲書、九一、九四―一〇六頁。大原社会問題研究所「高野岩三郎先生追憶会の記」『経済志林』

第一九巻第二号（一九五一年）、九五。棚橋小虎『小虎が駆ける——草創期の労働運動家棚橋小虎自伝』（毎日新聞社、一九九九年）、二一二—二一四頁。

＊24　大島、前掲書、九〇、一〇八頁。鈴木文治『労働運動二十年』（一元社、一九三一年）、一七九—一八〇、一八四—一八五頁。棚橋、前掲書、一一六頁。三輪、前掲論文、二二。遠藤、前掲書、三三—三九頁。石田、前掲『敗戦から憲法へ』一一七頁。

＊25　棚橋、前掲書、五六頁。三宅正一『激動期の日本社会運動史——賀川豊彦・麻生久・浅沼稲次郎の軌跡』（現代評論社、一九七三年）、一六八頁。

＊26　棚橋、前掲書、二〇六—二一四、三〇二頁。鈴木文治、前掲書、一八五、二八六、二八八、三七〇—三七一頁。三宅、前掲書、一七八—一八〇頁。

＊27　棚橋、前掲書、三一九—三二〇、三四七、三四九頁。高野、前掲書所収「囚われたる民衆」五六頁。

＊28　大島、前掲書、二八八—三〇〇頁。高野日記、一九二八年一一月一八日。

＊29　大島、前掲書、三〇一頁。

＊30　西尾末広『大衆と共に——私の半生の記録』（日本労働協会、一九七一年）、三〇一—三〇三頁。

＊31　河上、前掲論文、五〇。

＊32　河上丈太郎編著『麻生久伝』（麻生久伝刊行委員会、一九五八年）、七〇頁。大島、前掲書、九一、一〇七、二八八、三八五—三八六、三九九頁。

＊33　河上、前掲論文、五〇。

＊34　三輪、前掲論文、二二。

＊35　鈴木文治、前掲書、二〇一—二〇四頁。大島、前掲書、一四八—一五一頁。

＊36　同書、一五一—一五八頁。鈴木文治、前掲書、二〇八—二一〇頁。棚橋、前掲書、一五四—一五五頁。

＊37　同書、一五五頁。大島、前掲書、一五六―一六〇頁。鈴木文治、前掲書、二〇九―二一〇頁。河野密「高野岩三郎博士と日本の労働運動」『資料室報』一〇八号（一九六五年）、二三。
＊38　大内、森戸、前掲対談、五一―五二。
＊39　鈴木文治、前掲書、二一〇―二一一頁。棚橋、前掲書、一五六―一五七頁。大河内一男監修『総同盟五十年史』第一巻（総同盟五十年史刊行委員会、一九六四年）、二八八―二九一頁。高野の葬儀において、松岡駒吉は高野の労働代表受諾撤回が日本労働組合の新たなスタートとなったことを感慨深く語ったという。大内兵衛「オールド・リベラリストの形成――高野岩三郎の一生」『中央公論』第六四巻第七号（一九四九年）、三四。
＊40　大河内監修、前掲書、二九一―二九二頁。大島、前掲書、一六二―一六三頁。棚橋、前掲書、一五八―一五九頁。鈴木安蔵「憲法研究会の憲法草案起草および憲法制定議会提唱」『愛知大学法学部法経論集』第二八号（一九五九年）、二〇〇。
＊41　森戸、前掲書、上、七五―七八、八二―八五、九二―九三、一〇〇頁。大島、前掲書、一七三―一七四頁。原奎一郎編『原敬日記』（以下『原敬日記』）第八巻（乾元社、一九五〇年）、四五七―四五八頁。中橋徳五郎翁伝記編纂会編『中橋徳五郎』下巻（中橋徳五郎翁伝記編纂会、一九四四年）、三五六―三五九頁。
＊42　以下の山川伝では、森戸が応じなかったため内務省が動いたような書き方となっているが、訴追に向けての事態はすでに進行していた。森戸、前掲書、上、四三―四五、一〇二―一一一頁。花見朔巳編『男爵山川先生伝』（故男爵山川先生記念会、一九三九年）、三三五―三三六頁。前掲『原敬日記』第八巻、四五三頁。辰野隆『青春回顧』（酣灯社、一九四七年）、六〇―六一頁。
＊43　高橋彦博「「森戸事件」前後――社会運動史における知的脈絡」『社会労働研究』第四〇巻第三・四号（一九九四年）、三八―三九。大島、前掲書、一八一―一八四頁。森戸、前掲書、上、一一八頁。花見編、前掲

書、三三五―三三六頁。初期の「同人会」のゼミナールには、鈴木文治が出席し、彼のために森戸、櫛田が講演会を開いてもいた。大内兵衛『経済学五十年』上（東京大学出版会、一九五九年）、八四頁。

＊44 高野日記、一九二〇年一月一三日。

＊45 高橋、前掲「「森戸事件」前後」三九―四〇。同、前掲「憲法理念から憲法政策へ」一三〇、一四六―一四九。Sidney and Beatrice Webb, *A Constitution for the Socialsit Commonwealth of Great Britain* (London: Longman, 1920). シドニ並びにビアトリス・ウェッブ『大英社会主義国の構成』丸岡重堯訳（同人社書店、一九二五年）。高野、前掲書所収「囚われたる民衆」五六、五八頁。森戸、前掲書、上、三五〇頁。

＊46 同書、一四四、一五三―一五五、一六九、二九六―二九七頁。

＊47 同書、八二、一一六―一一七、一五六頁。原、前掲書、Ⅲ、五七〇―五七一頁。室伏高信『戦争私書』（中公文庫、一九九〇年）、二四、三〇、三三、三四九―三五〇頁。

＊48 片山内閣記録刊行会『片山内閣――片山哲と戦後の政治』（片山哲記念財団、一九八〇年）、八四―八五頁。金子、前掲論文、一一二。大島、前掲書、三九五、三九七頁。

＊49 同書、一三六―一三七、一六九、一九六―一九九、二二一頁。森戸、前掲書、上、一五三、一九九頁。

＊50 法政大学大原社会問題研究所編『大原社会問題研究所五十年史』（法政大学出版局、一九七一年）、四―五頁。兼田、前掲書、一三六―一三八頁。森戸、前掲書、上、九三頁。大島、前掲書、二〇三―二一五、二一七、二一九頁。吉田千代『評伝鈴木文治――民主的労資関係をめざして』（日本経済評論社、一九八八年）、一七一頁。

＊51 大島、前掲書、二二一、二二三、二三〇頁。法政大学大原社会問題研究所編、前掲書、一九―二〇頁。森戸、前掲書、上、一五三頁、下、一八―一九頁。大原社会問題研究所編『日本労働年鑑』（以下『日本労働年鑑』）第一集（法政大学出版局、復刻版、一九六七年、戦前版、一九二〇年）、二頁。

＊52　高野、前掲書所収「大原社会問題研究所」一六七、一六九頁。森戸、前掲書、上、二〇七―二〇八頁。法政大学大原社会問題研究所編、前掲書、二八―二九頁。西尾、前掲書、七一頁。ブレンターノ『労働者問題』森戸辰男訳（岩波書店、一九一九年）。

＊53　大島、前掲書、二七八―二八六頁。森戸、前掲書、上、一九八頁。遠藤、前掲書、三三―三九頁。竹前栄治『戦後労働改革』（東京大学出版会、一九八二年）、七九―八二頁。

＊54　森戸、前掲書、下、四九頁。大島、前掲書、三〇七―三一一、三一九―三二二、三七七―三七八頁。兼田、前掲書、一四五―一四七頁。室伏、前掲書、二七一―二七二、三五三頁。三宅晴輝は、戦時中に高野が支援の斡旋を謝すため、栄養失調などから会話や歩行が不自由となり言葉も聞きとれないくらいの状態でも、三宅を訪ねてきてくれたと回想している。大原社会問題研究所、前掲論文、九六。

＊55　森戸、前掲書、下、一七―一八、二三三頁。前掲『日本労働年鑑』第二十一集、九頁。石田、前掲『敗戦から憲法へ』二九―三〇頁。金子、前掲論文、一一二、一一四。

＊56　高野、熊谷、前掲論文、五五。

＊57　大島、前掲書、三七九―三八一、三八七頁。大原社会問題研究所、前掲論文、九六。『読売報知新聞』一九四六年三月八日。

＊58　大島、前掲書、三八五―三八九頁。室伏、前掲書、三三八―三四〇、三五三頁。鈴木安蔵、前掲『憲法学三十年』二一四頁。

＊59　鈴木安蔵「既に実質的な変更――憲法制定と高野博士」『法政』第二巻第五号（一九五三年）、二一―三。

＊60　鈴木安蔵、前掲「憲法研究会の憲法草案起草および憲法制定議会提唱」一七九―一八〇、一八七。室伏、前掲書、三五三―三五四頁。この点、森戸が鈴木を国家主権説論者としているのは誤解だと思われる。森戸、前掲書、下、二八二―二八三頁。鈴木安蔵『憲法制定前後――新憲法をめぐる激動期の記録』（青木書

店、一九七七年)、七五―七六頁。

＊61 原秀成「大正デモクラシーと明治文化研究会――日本国憲法をうんだ言論の力」『日本研究』第二一集(二〇〇〇年)、二一九―二二〇。鈴木安蔵「左派民権論について――主として植木枝盛について」『唯物論研究』第五四号(一九三七年)、一四八。鈴木安蔵、前掲『憲法制定前後』六六頁。岩淵辰雄『岩淵辰雄選集第三巻 戦後日本政治への直言』(青友社、一九六七年)、二七二―二七三頁。

＊62 室伏、前掲書、三五四頁。憲法調査会『憲法制定の経過に関する小委員会第二十一回議事録(昭和三十四年四月九日)』(大蔵省印刷局、一九五九年)、七―九頁。

＊63 高橋、前掲「憲法理念から憲法政策へ」一三一。鈴木安蔵、前掲『憲法制定前後』八五―九一頁。高野、前掲書所収「囚われたる民衆」四五、四九頁。

＊64 同書、五〇頁。鈴木安蔵、前掲『憲法学三十年』二三九頁。

＊65 同書、二三九、二五九頁。

＊66 国立国会図書館、憲政資料室所蔵マイクロフィッシュ、Records of the Foreign Service Posts of the Department State, FSP 2295-2296, 3453.

＊67 田中英夫「憲法制定をめぐる二つの法文化の衝突」坂本義和/R・E・ウォード編『日本占領の研究』(東京大学出版会、一九八七年)、一〇〇頁。原、前掲書、Ⅲ、六九五、八七八―八八四頁。憲法調査会、前掲書、一六頁。

＊68 伊藤悟『政・官・識者の語る戦後構想』(東出版、一九九五年)、一三六―一三九、一四二―一四七頁。鈴木安蔵「日本国憲法制定の基本論点」『愛知大学法経論集』第八二号(一九七六年)、七。岩淵、前掲書、第三巻、二四三頁。室伏、前掲書、三五三―三五四、三五六頁。芦田均、岩淵辰雄、鈴木安蔵、三宅清輝「座談会 憲法は二週間で出来たか?」『改造』第三三巻第六号(一九五二年)、一九。ノーマンは鈴木に対し

て、もし「国体」が維持されれば、日本人が「依然万国比類なき優秀民族なりとの根拠なき自負心を捨てず、真に謙虚な国際社会の一員たる再出発をなし得ない」のではないか、と問うている。鈴木安蔵「憲法改正の根本論点」『新生』第一巻第二号（一九四五年）、二三—二四。古関、前掲書、四一—四二頁。原、前掲書、Ⅲ、一九一、二〇〇—二〇一、二〇三—二〇四頁。室伏は顧問団のインタビューに際して、日本が単一民族でなく複数の民族により構成されているという論考を準備していると述べていた。伊藤、前掲書、一二九頁。

＊69　原、前掲書、Ⅲ、五六三、六九〇、八七五頁。

＊70　古関、前掲書、八七—九六、一〇〇—一〇二頁。憲法調査会、前掲書、二三頁。鈴木安蔵、前掲『憲法制定前後』二〇九頁。大島、前掲書、三九九—四〇〇頁。憲法研究会草案とGHQ草案の類似点については以下の著作が詳しい。家永、前掲書、上巻、二九四—二九八頁。原、前掲書、Ⅲ、六三四、六四三、六六六、六七二、六七四、六七八頁。

＊71　鈴木安蔵、前掲「日本国憲法制定の基本論点」二一一—二三、二八。石田、前掲『敗戦から憲法へ』一二〇—一二四頁。古関、前掲書、一八一—一八二頁。

＊72　大島、前掲書、四〇二—四〇三頁。日本放送協会編、前掲書、上巻、六七二頁。幣原、前掲「二八会をめぐる高野君の追憶」四八。憲法調査会、前掲書、一七頁。

＊73　鈴木安蔵、前掲『憲法制定前後』九二頁。

＊74　大島、前掲書、四〇五頁。

＊75　「高風を偲ぶ——高野岩三郎先生追憶会の記」『法政』第二巻第五号（一九五三年）、一一。以下の最近公刊された単著は、幣原発案説を比較的詳細に分析している。塩田純『9条誕生——平和国家はこうして生まれた』（岩波書店、二〇一八年）、六七—九五頁。

＊76　高野、前掲書所収「日本放送協会会長就任の挨拶」二四三頁。
＊77　高野岩三郎「職工組合に就て」『資料室報』第一四五号（一八九六年）、二四。無論、高野の「女子」という言葉の使い方に始まる、女性を啓蒙の客体と捉える見方は、今日の視点からすれば異論もあろうが、彼の年齢を考えれば同時代の知識人としては、むしろ開明的な方と考えられる。高野、前掲書所収「日本放送協会会長就任の挨拶」二四四頁。
＊78　同書所収「囚われたる民衆」五六頁。金子、前掲論文、一一二。日本放送協会編、前掲書、上巻、六五三、七二一頁。
＊79　高野、前掲書所収「新時代の教育について」二四九頁。
＊80　高野岩三郎「私の目標――重ねて日本放送協会の職員諸君に告げて所懐の一端を述ぶ」『放送文化』第一巻八・九月号（一九四六年）、九―一一。同、前掲書所収「囚われたる民衆」五六頁。
＊81　同書所収「清富の人 岩波茂雄を憶う」二八八―二九〇頁。
＊82　大島、前掲書、四〇八―四一二頁。日本放送協会編、前掲書、上巻、六七五頁。当時の共産党が労働組合に極端な政治攻勢をかけていた様子は、以下の著作でもうかがわれる。荒畑寒村『寒村自伝』下巻（岩波文庫、一九七五年）、三四〇―三四一頁。
＊83　大島、前掲書、四一三頁。労働省編『資料労働運動史』昭和二〇、二一年（労務行政研究所、一九五一年）、二七六―二七七頁。
＊84　大島、前掲書、四一四頁。
＊85　『朝日新聞』一九四六年一〇月二六日。日本放送協会編、前掲書、上巻、六七六頁。
＊86　前掲「高風を偲ぶ」一〇。金子、前掲論文、一一二。古垣鉄郎「祭文」『放送文化』第四巻第四号（一九四九年）、四六―四七。大島、前掲書、四一九―四二〇頁。

＊87　高野、前掲書所収「囚われたる民衆」四四―四五頁。

＊88　大統領経験者やスイス亡命中に再婚した妻などは、彼を全面的に称えているが、政治的な評価については、その立場によって微妙な扱いが多い。Agosti *et al.*, *op. cit.*, pp. 15, 139-141. Adriano Del Pont, "Un antifascista militante," in *ibid.*, pp. 97, 102. テッラチーニに関し研究した論考は、たとえば、ほかには古い順に以下のものがある。Merlini, *op. cit.*, 571-599. Agosti, *op. cit.* Giorgi, *op. cit.* Gianotti, *op. cit.* Leonardo Pompeo D'Alessandro, *Umberto Terracini nel "partito nuovo" di Togliatti* (Roma: Aracne, 2012).

＊89　Camilla Ravera, "Il mio amico Terracini," in Agosti *et al.*, *op. cit.*, p. 120. Merlini, *op. cit.*, 578-580. Spagnoli, *op. cit.*, p. 147.

＊90　Gianotti, *op. cit.*, pp. 9, 11, 15, 17, 25. Stefania Coletta, "La Formazione di Terracini: la famiglia, i primi anni di lotte, l'"Ordine Nuovo"," in Agosti, *op. cit.*, pp. 26-27.

＊91　*Ibid.*, p. 41. Spriano, *op. cit.*, vol. I, p. 48. Gianotti, *op. cit.*, pp. 44-45, 48-49. Fondazione Istituto Gramsci（以下 FIG）, Archivio del Partito Comunista（以下 APC）, Partito, Fondo Mosca, Umberto Terracini, 27 ottobre 1947, Riccardo Luzzatto, "The Speaker of Italy's Assembly," mf 176.

＊92　Gianotti, *op. cit.*, pp. 32-35, 42. シモーナ・コラリーツィ『イタリア20世紀史――熱狂と恐怖と希望の100年』村上信一郎監訳、橋本勝雄訳（名古屋大学出版会、二〇一〇年）、八五―八九頁。タスカは社会党員時代のムッソリーニが参戦主義に転じたのを批判したが、グラムシは戦争が革命の契機になり得るとタスカを非難した。Alexander J. De Grand, *In Stalin's Shadow: Angelo Tasca and the Crisis of the Left in Italy and France, 1910-1945* (Dekalb: Northern Illinois University Press, 1986), p. 19.

＊93　Gobetti, *op. cit.*, p. 1005. Aldo Agosti, "Introduzione," in Agosti, *op. cit.*, p. 9.

＊94　Spriano, *op. cit.*, vcl. I, p. 46. Gianotti, *op. cit.*, pp. 41-42, 50, 55-56, 63, 155. コラリーツィ、前掲書、八八―九二頁。

＊95 Spagnoli, *op. cit.*, pp. 143-145. Umberto Terracini, *Al bando dal Partito: Carteggio clandestino dall'Isola e dall'esilio, 1938-45*, a cura di Alessandro Coletti (Milano: La Pietra, 1976), p. 114.

＊96 Spagnoli, *op. cit.*, p. 143. Merlini, *op. cit.*, 580-581. FIG, APC, Partito, Fondo Mosca, Direzione Verbali, Pacco25/III (1947), 1947/4/18, 1947/5/5, mf. 272.

＊97 Gianotti, *op. cit.*, pp. 59, 61-62, 68, 73. コラリーツィ、前掲書、九〇―九二、一〇二―一〇五頁。Terracini, *Intervista sul comunismo difficile*, pp. 16-17. Claudio Natoli, *La Terza Internazionale e il fascismo, 1919-1923: Proletariato di fabbrica e reazione industriale nel primo dopoguerra* (Roma: Riuniti, 1982), pp. 16-17.

＊98 Terracini, *Intervista sul comunismo difficile*, p. 75. Giorgi, *op. cit.*, pp. 72-79. De Grand, *op. cit.*, pp. 36-37. Spriano, *op. cit.*, vol. I, p. 220.

＊99 *Ibid.*, pp. 157-158. Natoli, *op. cit.*, pp. 128, 189. Palmiro Togliatti, *La formazione del gruppo dirigente del PCI nel 1923-24* (以下 Togliatti, *La formazione*) (Roma: Riuniti, 1962), p. 23. Franco Livorsi, "Umberto Terracini e i comunisti negli anni del Patto Molotov-Ribbentrop," in Agosti *et al.*, *op. cit.*, p. 55.

＊100 Natoli, *op. cit.*, p. 190.

＊101 Spriano, *op. cit.*, vol. I, p. 158.

＊102 *Ibid.*, pp. 189-190, 296. Gianotti, *op. cit.*, p. 95.

＊103 *Ibid.*, pp. 97, 154. Terracini, *Intervista sul comunismo difficile*, pp. 57-58, 140. Togliatti, *La formazione*, p. 190. Del Pont, *op. cit.*, p. 98. Spriano, *op. cit.*, vol. I, p. 440.

＊104 コラリーツィ、前掲書、一〇四―一一六頁。Giorgi, *op. cit.*, pp. 75-76. Spriano, *op. cit.*, vol. I, pp. 310, 337. Gianotti, *op. cit.*, p. 99. Togliatti, *La formazione*, p. 263.

＊105 Spriano, *op. cit.*, vol. I, pp. 149, 413, 467-468, 512-513. とくに以下の論者は、マッテオッティ危機前後から、

反ファシズム抵抗運動の連帯に向け、民主主義を最優先にするというテッラチーニの思想的転換が始まっていたと指摘している。Livorsi, *op. cit.*, pp. 55-56.

＊106 Gianotti, *op. cit.*, pp. 113-115. Giuseppe Fiori, *Vita di Antonio Gramsci* (Roma: Laterza, 1966), pp. 269-270.

＊107 *Ibid*, pp. 266, 270.

＊108 Spriano, *op. cit.*, vol. I, p. 513. Terracini, *Intervista sul comunismo difficile*, p. 75. ACS, Casallario Politico Centrale, 5071, Terracini, Umberto. 1928/9/28, 1928/10/12, 1929/1/5, 1932/5/1, 1938/4/30. ACS, Ministero della Grazia e Giustizia, Dett. Pol. , B19, F334, CD73, 1929/5/25, 1929/5/28. ファシズム体制初期からの「重罪人」は、流刑地で認められた散歩においてさえ、ほかの人々との接触を許されず、隔離状態におかれているとの報告が存在する。*Ibid.*, 1931/2/11.

＊109 Merlini, *op. cit.*, 585. Spagnoli, *op. cit.*, p. 153.

＊110 Fiori, op. cit., p. 265. The National Archives, Kew（以下 TNA), FO371/43797, R16151/15/22 (1944/10/4).

＊111 Merlini, *op. cit.*, 585. Spagnoli, *op. cit.*, pp. 153-154. Giorgi, *op. cit.*, p. 81. TNA, FO 371/43797, R16151/15/22 (1944/10/4).

＊112 Spagnoli, *op. cit.*, pp. 148-152. Gianfranco D'Alessio (a cura di), *Alle origini della Costituzione italiana: I lavori preparatori della "Commissione per studi attinenti alla riorganizzazione dello Stato"* (Bologna: Il Mulino, 1969), pp. 187, 201. Palmiro Togliatti, *Opere*, vol. 5: *1944-1955*, a cura di Ernesto Ragionieri (Roma: Riuniti, 1984), pp. 207, 252. Luca Baldissara, "Tra governo e opposizione. Il ruolo del PCI nella costruzione della democrazia in Italia," in *Il PCI nell'Italia repubblicana, 1943-1991*, a cura di Roberto Gualtieri (Roma: Carocci, 2001), p. 162.

＊113 Livorsi, *op. cit.*, p. 55. Francesco Barbagallo, "Terracini, comunista antistalinista, alla Constituente e al Senato," in Agosti, *op. cit.*, p. 136.

＊114 Baldissara, *op. cit.*, pp. 141-143, 148. テッラチーニは、中央集権化された国家に対し地域の自律を復活させることが、ひいては東西ブロックの論理克服と世界平和につながり、自由と平等を担保すると論じている。Malandrino, *op. cit.*, pp. 74-75.

＊115 Del Pont, *op. cit.*, pp. 99-100. Malandrino, *op. cit.*, pp. 70-71.

＊116 *Ibid.*, p. 71. 引用は下記の文書による。FIG, APC, Partito, Fondo Mosca, Umberto Terracini, Discussioni al confino di Terracini 1941-1942, mf. 176.

＊117 石田、前掲『敗戦から憲法へ』六六頁。Gianotti, *op. cit.*, p. 110. ヴェントテーネ島では、八〇〇人の流刑囚のうち共産党員が約半数を占めていたものの、後述するテッラチーニ除名に至る異論派排除が始まるまで、党内における意見は多様なままだった。*Ibid.*, pp. 141-142.

＊118 Malandrino, *op. cit.*, pp. 67-69, 71-74. Terracini, *Come nacque la Costituzione*, pp. 62, 65-66. Spagnoli, *op. cit.*, pp. 156-157.

＊119 Malandrino, *op. cit.*, pp. 73-74. Spagnoli, *op. cit.*, p. 155. Merlini, *op. cit.*, 594-595. Baldissara, *op. cit.*, p. 150.

＊120 Terracini, *Intervista sul comunismo difficile*, pp. 114-123, 137. Id. *Al bando dal Partito*, pp. 20, 71.

＊121 Gianotti, *op. cit.*, pp. 150, 152-153. Terracini, *Intervista sul comunismo difficile*, pp. 90, 126, 147, 150. Sergio Bertelli, *Il gruppo: La formazione del gruppo dirigente del Pci 1936-1948* (Milano: Rizzoli, 1980), p. 92. Terracini, *Al bando dal Partito*, p. 85. De Grand, *op. cit.*, p. 64.

＊122 Terracini, *Intervista sul comunismo difficile*, p. 90.

＊123 Pietro Secchia, "Il Partito comunista italiano e la guerra di Liberazione 1943-1945: Ricordi, documenti inediti e testimonianze," *Annali Istituto Giangiacomo Feltrinelli*, Anno 13 (1971), 196-197. Terracini, *Al bando dal Partito*, p. 171.

＊124 *Ibid.*, p. 18. Giorgio Bocca, *Una repubblica partigiana: Ossola 10 settembre - 23 ottobre 1944* (Milano: Il Saggiatore, 2005), p.

57. Gianotti, *op. cit.*, pp. 140, 154-155. Terracini, *Intervista sul comunismo difficile*, pp. 90, 121. Livorsi, *op. cit.*, pp. 57, 59.

＊125　Terracini, *Intervista sul comunismo difficile*, p. 139.

＊126　*Ibid.*, pp. 126-128, 140-141, 147-148. Zorini, *op. cit.*, p. 110. Umberto Terracini, *Quando diventammo comunisti: Conversazione con Umberto Terracini tra cronaca e storia*, a cura di Mario Pendinelli (Milano: Rizzoli, 1981), p. 135.

＊127　*Ibid.*, pp. 135-136. Michele Beltrami, *Il governo dell'Ossola partigiana*, con una testimonianza inedita di Umberto Terracini (Roma: Sapere 2000, 1994), p. 11.

＊128　Bocca, *op. cit.*, pp. 27, 57.

＊129　Zorini, *op. cit.*, pp. 121-123. Gianotti, *op. cit.*, p. 166.

＊130　Beltrami, *op. cit.*, pp. 12, 16. Bocca, *op. cit.*, pp. 61-62. Zorini, *op. cit.*, pp. 119, 123.

＊131　Istituto piemontese per la storia della Resistenza e della società contemporanea "Giorgio Agosti", Fondo Grosa, B FG3, a. Comando Brigate Garibaldi Piemonte, Costituzione e attività degli organi del potere democratico nelle zone liberate, dattiloscritto dell' opuscolo diffuso dal Comando garibaldino, ottobre 1944. 鈴来一成「〈オッソラ共和国〉の光と影——イタリアにおける一パルチザン解放区始末記」『ＳＰＡＺＩＯ』第二〇巻第一号（一九八九年）、二九。オッソラ共和国臨時政府は、イギリス側がイタリア植民地の剥奪を公表した際、賛成したうえで、植民地においては自由が回復されるべきで、同地が戦利品として分割されるべきではないと宣言している。これに対し、外務省の要職を務めテッラチーニと制憲議会議長職を争うことになる保守派のスフォルツァは、ほぼ同時期のイギリス外務省報告によれば、すべての植民地保有国が植民地を国際的行政機構に委託するという提案を行ない、事実上、委任統治領として旧植民地の維持を画策していた。Bocca, *op. cit.*, p. 62. TNA, FO371/43796 R13669/15/22 (1944/8/23).

＊132　Beltrami, *op. cit.*, pp 13, 32-33, 43, 73. Bocca, *op. cit.*, p. 25. 鈴来、前掲論文、二四—二五、二八、三〇。FIG,

Brigate Garibaldi, Sez. VII, Cart. 1, F4, 08638; F23, 08837-47.

＊133 *Ibid.*, F4, 08639bis; F19, 06458. TNA, WO204/9907, Ref. ACC/507/2/Pat (1944/11/3). Gianotti, *op. cit.*, pp. 167-168. Beltrami, *op. cit.*, pp. 13-14. Terracini, *Come nacque la Costituzione*, p. 22.

＊134 Beltrami, *op. cit.*, pp. 43, 70-73. ヴィゴレッリは、スイス亡命中、ヴェントテーネ島にテッラチーニと幽閉されていたヨーロッパ連邦主義者のロッシと同じ家に滞在していた。Bocca, *op. cit.*, p. 25.

＊135 Zorini, *op. cit.*, p. 124. Gianotti, *op. cit.*, pp. 170-171. Beltrami, *op. cit.*, pp. 14-15, 98. Terracini, *Quando diventammo comunisti*, pp. 137-138. FIG, Brigate Garibaldi, Sez. VII, Cart. I, F19, 06567. TNA, FO371/43877, R15763/155/22 (1944/9/30); R18169/155/22 (1944/11/1).

＊136 Terracini, *Intervista sul comunismo difficile*, pp. 118, 140. Livorsi, *op. cit.*, p. 61. Umberto Terracini, *Sulla svolta: Carteggio clandestino dal carcere, 1930-31-32*, a cura di Alessandro Coletti (Milano: La Pietra, 1975), p. 59.

＊137 Gianotti, *op. cit.*, pp. 172-173. Terracini, *Al bando dal Partito*, pp. 7-8, 182-185. Zorini, *op. cit.*, pp. 125-126. Terracini, *Intervista sul comunismo difficile*, pp. 136-137, 143-144. Spriano, *op. cit.*, vol. V, pp. 382-383. 制憲議会議長に就任した後の一九四七年一〇月になってから、テッラチーニはマリア・ラウラとの事実婚について、保守系新聞などで不道徳と攻撃されている。彼および彼と行動をともにした人々の人生は茨の道であった。Anna Tonelli, *Gli irregolari: Amori comunisti al tempo della Guerra fredda* (Roma-Bari: Laterza, 2014), pp. 38-41.

＊138 Terracini, *Intervista sul comunismo difficile*, p. 144.

＊139 *Ibid.*, pp. 145-147. Gianotti, *op. cit.*, pp. 184-185. D'Alessandro, *op. cit.*, p. 35. *Foreign Relations of the United States*, 1946-V, p. 952. このクーデター問題が議論された一九四六年二月一六日の指導部会議でも、トリアッティは軍事的対抗措置に消極的であった。FIG, APC, Partito, Fondo Mosca, Direzione Verbali, Pacco25/III, 16 febbraio 1947, mf 272.

＊140 Terracini, *Intervista sul comunismo difficile*, p. 146. Gianotti, *op. cit.*, pp. 185-186. Renzo Martinelli e Maria Luisa Righi (a cura di), *La politica del Partito comunista italiano nel periodo costituente: I verbali della direzione tra il V il VI Congresso 1946-1948* (Roma: Riuniti, 1992), p. 21. Terracini, *Come nacque la Costituzione*, p. 19.

＊141 *Ibid.*, pp. 15-16, 18, 21. 高橋利安「「労働に基礎を置く民主共和国」についての一考察（一）」『早稲田大学大学院 法研論集』第三六号（一九八五年）、二一九、二二七―二三〇。Spagnoli, *op. cit.*, p. 146.

＊142 Merlini, *op. cit.*, 572-574. Terracini, *Come nacque la Costituzione*, pp. 18-19. Barbagallo, *op. cit.*, p. 137. FIG, APC, Partito, Fondo Mosca, Direzione Verbali, Pacco 25/III, 4 febbraio 1947, mf 272.

＊143 FIG, APC, Partito, Fondo Mosca, Umberto Terracini, 27 ottobre 1947, Riccardo Luzzatto, "The Speaker of Italy's Assembly," mf 176.

＊144 Merlini, *op. cit.*, 574.

＊145 *Ibid.*, 578. Renato Balduzzi, "Un comunista del dialogo alla Costituente," in Agosti *et al.*, *op. cit.*, p. 113.

＊146 Del Pont, *op. cit.*, p. 97. Terracini, *Come nacque la Costituzione*, pp. 63-66. Merlini, *op. cit.*, 582-583. Spagnoli, *op. cit.*, pp. 152-154. テッラチーニは軍隊そのものを否定しなかったが、軍の規則が君主制やファシズム体制の時代から変わらず、服従を「即時、盲目的、絶対」なものとしている点を問題視している。すなわち、彼の見方では、軍律といえども市民の尊厳を侵してはならないのである。Terracini, *Come nacque la Costituzione*, p. 71.

＊147 *Ibid.*, pp. 23, 90 Togliatti, *Opere*, vol. 5, pp. 195-196. Spagnoli, *op. cit.*, pp. 145, 152.

＊148 TNA, FO371/43796, R13668/15/22 (1944/8/30). FIG, APC, Partito, Fondo Mosca, Direzione Verbali, Pacco 25/II, 14 febbraio 1946, mf 272. Merlini, *op. cit.*, 593.

＊149 Barbagallo, *op. cit.*, p. 138. Renzo Martinelli, *Storia del Partito comunista italiano*, vol. VI: *Il "partito nuovo" dalla Liberazione al 18 aprile* (Torino: Einaudi, 1995), pp. 245-247. D'Alessandro, *op. cit.*, p. 53.

＊150 TNA, FO371/67768, Z9976/32/22 (1947/10/30).

＊151　Merlini, *op. cit.*, 576. FIG, APC, Partito, Fondo Mosca, Direzione Verbali, Pacco 25/III, 8 e 9 ottobre 1947, mf 272.

＊152　TNA, FO371/67768, Z9761/32/22 (1947/11/1).

＊153　ACS, Pietro Nenni Cartggio 1944-1979, B41, F1921, Da Terracini a Nenni, 24 Ottobre 1947.

＊154　Spagnoli, *op. cit.*, pp. 144-145. 石田、前掲『敗戦から憲法へ』八五、一五二頁。Merlini, *op. cit.*, 599. TNA, FO371/67768, Z9976/32/22 (1947/10/30); Z10444/32/22 (1947/11/27).

＊155　Merlini, *op. cit.*, 578-580, 598.

＊156　Malandrino, *op. cit.*, p. 63.

＊157　Merlini, *op. cit.*, 599.

＊158　Del Pont, *op. cit.*, p. 97. Malandrino, *op. cit.*, p. 66.

＊159　Barbagallo, *op. cit.*, pp. 138-139. Agosti, *op. cit.*, p. 13.

＊160　Del Pont, *op. cit.*, p. 102.

＊161　Gobetti, *op. cit.*, p. 1005. Barbagallo, *op. cit.*, pp. 133, 135. Baldissara, *op. cit.*, pp. 148, 150-151. 多くの法律は自由主義期、ファシズム期の延長上にあり、前体制との際立った断絶性を示していたのは憲法であった。*Ibid.*, p. 150.

＊162　Terracini, *Intervista sul comunismo difficile*, pp. 138, 143, 145. Ravera, *op. cit.*, p. 120. Del Pont, *op. cit.*, p. 102. Malandrino, *op. cit.*, p. 66. Agosti, *op. cit.*, p. 15.

＊163　Gianotti, *op. cit.*, pp. 249, 251, 256, 258, 260. テッラチーニは、イスラエル国家の即時承認を主張した。彼は宗教、民族の枠にこだわることはなかったが、同化には反対で、文化・歴史的ユダヤ性を保持していたと指摘されている。Barbagallo, *op. cit.*, p. 139.

＊164　第五章では丸山からの引用が頻出するため、以下、丸山の主要著作は凡例に示されている略号を使用す

る。集①二〇四―二〇五頁。

*165 集⑯三六二頁、別巻三五、四五―四六頁。

*166 東京大学法学部付属 近代日本法政史料センター 原資料部、我妻栄関係文書、［1］憲法その他公法（3-7）-2憲法問題研究会資料、丸山真［眞］男、「憲法第九条をめぐる原理的諸問題」一―二頁。

*167 ノルベルト・ボッビオ『イタリア・イデオロギー』馬場康雄、押場靖志訳（未來社、一九九三年）、二〇六―二〇九頁。村上信一郎「トリノの憂鬱――晩年のボッビオ教授」『神戸外大論叢』第六二巻第一号（二〇一一年）、一一―一三。一九四三年一二月に発行された次の行動党パンフレットには、同党がマルクス主義を目指さないとしつつも、人的関係における無条件の自由を前提として正義と平等を追求するだけでなく、政治・社会・経済構造の革命的改変が必要であると述べている。Carlo Bandi, *Partito d'Azione e Socialismo* (s.l., 1943), pp. 1-2, 6.

*168 石田、前掲『敗戦から憲法へ』四八、八〇、一四九頁。Paolo Barile, "La nascita della Costituzione: Piero Calamandrei e le libertà," in *Scelte della costituente e cultura giuridica*, tomo II: *Protagonisti e momenti del dibattio costituzionale*, a cura di Ugo De Siervo (Bologna: Il Mulino, 1980), pp. 21-22, 24. Tiziano Treu, "La Costituzione e il ruolo del movimento sindacale," in *1945-1975 Italia: Fascismo, antifascismo, resistenza, rinnovamento*, a cura di Marco Fini (Milano: Feltrinelli, 1975), pp. 500-501, 517.

*169 話文①一―八頁。集③一七七頁。

*170 回顧㊤二〇二―二〇三、二二四頁、㊦二四―二七頁。座談②二三四頁。自己内対話、八―九頁。集③一七―三六頁、⑥二四九頁。

*171 回顧㊤二九九頁。座談①二三一頁。石田憲「丸山眞男とレンツォ・デ・フェリーチェ――二つのファシズム論」小林正弥編『丸山眞男論――主体的行為、ファシズム、市民社会』（東京大学出版会、二〇〇三年）、

一五四―一六〇頁。

＊172 石田、前掲「丸山眞男とレンツォ・デ・フェリーチェ」一五〇―一五二頁。同、前掲『敗戦から憲法へ』七七―七八頁。北原敦『イタリア現代史研究』（岩波書店、二〇〇二年）、六九―七二頁。堺慎介「行動主義者達のレジスタンス――行動党の結成をめぐって」『摂南法学』二〇号（一九九八年）、一〇―一一。丸山眞男『自由について――七つの問答』（編集グループ〈ＳＵＲＥ〉、二〇〇五年）、三二頁。

＊173 集③三、一八六、三二六―三二七、三二九頁。話文①二一七頁。

＊174 回顧㊤二九九―三〇五頁。我妻栄「知られざる憲法討議――制定時における東京帝国大学憲法研究委員会報告書をめぐって」憲法問題研究会編『憲法と私たち』（岩波新書、一九六三年）、二六―三四頁。

＊175 Barile, *op. cit.*, pp. 18, 22, 26- 28. Piero Calamandrei, "La Costituzione e le leggi per attuarla," in *Dieci anni dopo, 1945-1955: Saggi sulla vita democratica italiana*, A. Battaglia *et al.* (Bari: Laterza, 1955), p. 214. 高橋、前掲「「労働に基礎を置く民主共和国」についての一考察（一）」二二六。

＊176 石田、前掲『敗戦から憲法へ』七〇―七二、八二―八四頁。回顧㊤一九七頁、㊦九二頁。集⑤二六二―二六三頁。座談②三、一一頁。

＊177 集③九三、九七、一七四、一七九頁。

＊178 堺、前掲「行動主義者達のレジスタンス」一四。石田、前掲「イタリアのアフリカにおける植民地との比較から」二五三―二六二頁。集④五六―六二頁。

＊179 講義②一四六―一四九頁。集③三二―三三頁、④五八―五九、七五頁。

＊180 集③一六一、一八六頁。話文①一一八頁。笹川孝一「戦後社会教育実践史研究（その二）――第二次大戦後の社会教育実践史における庶民大学三島教室の意義」『人文学報』一八四号（一九八六年）、七四―七五、九三―九六。堺慎介「反ファシズム蜂起への道――エミリオ・ルッスの人と思想」『阪大法学』一三三・

一三四号（一九八五年）、二一四—二一五。行動党はレジスタンス諸政党の中では資本主義に親和的であり、君主制をめぐる国民投票に関しても妥協的な態度を示すようになっていったが、それでも人民主権の主張は明確であった。Bandi, *op. cit.*, pp. 12-13. Paul Ginsborg, *A History of Contemporary Italy 1943-1980: Society and Politics 1943-1988* (London: Penguin Books, 1990), pp. 15 , 89. Antonio Gambino, *Storia del dopoguerra: Dalla liberazione al potere DC* (Roma-Bari: Laterza. 1975), pp. 215-216.

*181 集③二〇、二五、一七六頁。

*182 回顧㊤一七四—一七五頁。

*183 『帝国大学新聞』一九三六年三月九日。話文①一九〇頁。

*184 集⑧二七九—二八一頁、⑨二七八頁。座談④一一—一二頁。

*185 プリーモ・レーヴィ『プリーモ・レーヴィは語る——言葉・記憶・希望』マルコ・ベルポリーティ編、多木陽介訳（青土社、二〇〇二年）、四八—四九頁。Mario Barenghi, *Perché crediamo a Primo Levi?* (Torino: Einaudi, 2013), p. 139.

*186 座談①二四一、二四七頁、⑨一三六、一四二、一四八、一五九頁。レーヴィ、前掲書、四五、四八、五〇、七四—七五頁。集⑤一七頁。

*187 座談⑨一三三頁。

*188 竹内好『竹内好評論集 第三巻——新編 日本とアジア』（筑摩書房、一九六六年）、五一—五七、六〇頁。

*189 座談⑨一二八頁。集⑤一九、三〇頁、⑨三三九頁。

*190 回顧㊦一六九—一七〇頁。自己内対話、四二頁。講義②三三頁。集①三四四頁、⑤二八九頁。

*191 Altiero Spinelli, "European Union in the Resistance," *Government and Opposition*, Vol. 2, No. 3 (1967), 325-326. 八十田博人「ヴェントテーネからマーストリヒトへ——イタリア世俗勢力の欧州ヴィジョン」『創文』四五一号

（二〇〇三年）、一七―一八。Walter Lipgens, ed., *Documents on the History of European Integration*, Vol. 1: *Continental Plans for European Union* 1939-1945 (Berlin: W. de Gruyter, 1985), pp. 678-682.

＊192 集⑨二六八頁、二七九―二八〇頁。

＊193 座談⑨二八七頁。

＊194 書簡④一八一頁。

＊195 集⑯三七一頁。

＊196 集⑧三一四―三一五頁、⑨一七三―一七四頁。

＊197 集③一六一頁、④三三〇頁。

＊198 ノルベルト・ボッビオ『右と左――政治的区別の理由と意味』片桐薫、片桐圭子訳（御茶の水書房、一九九八年）、一〇二―一〇三、一一六頁。

＊199 同書、一一三頁。ボッビオ、前掲『イタリア・イデオロギー』二九一、二九七―二九八頁。

＊200 Norberto Bobbio, *Autobiografia*, a cura di Alberto Papuzzi (Roma-Bari: Laterza, 1997), pp. 81, 83.

＊201 集④三二七頁。

＊202 同書、三二八―三二九頁、③一六一頁。

＊203 集⑯三七七頁。

＊204 集⑦七―九頁、⑯三七〇頁。

＊205 集⑨二六三頁。

＊206 同書、二六二―二六四頁。

＊207 集③三二八―三二九頁。

主要参考文献

※各項目最後のカッコ内表記は注内の略号表記。

【一次史料】

日　本

憲法調査会『憲法制定の経過に関する小委員会第二一回議事録（昭和三四年四月九日）』大蔵省印刷局、一九五九年。

国立国会図書館、憲政資料室所蔵マイクロフィッシュ、Records of the Foreign Service Posts of the Department State.

東京大学法学部付属 近代日本法政史料センター 原資料部、我妻栄関係文書。

労働省編『資料労働運動史』昭和二〇、二一年、労務行政研究所、一九五一年。

イタリア

Archivio Centrale dello Stato (ACS)

　Casellario Politico Centrale

　Ministero della Grazia e Giustizia

　Pietro Nenni Carteggio 1944-1979

Archivio Storico della Camera dei Deputati, Assemblea Constituente, Busta 4, 5.

Archivio Storico dell'Istituto Luigi Sturzo

　Fondo Bartolotta

Fondazione Istituto Gramsci (FIG)

　Archivo del Partito Comunista (APC), Partito, Fondo Mosca, Direzione Verbali

　Archivo del Partito Comunista (APC), Partito, Fondo Mosca, Umberto Terracini

Brigate Garibaldi
Istituto piemontese per la storia della Resistenza e della società contemporanea "Giorgio Agosti"
Fondo Grosa

アメリカ

Foreign Relations of the United States, 1944-III, 1945-IV, VI, 1946-V, 1947-II, III, 1948-II, 1949-II, III, 1951-IV, V, VI. Washington: Government Printing Office, 1965-1982.

イギリス

The National Archives, Kew (TNA)
FO 371
WO 204

ヨーロッパ全体

Lipgens, Walter, ed. *Documents on the History of European Integration Continental Plans for European Union 1939-1945*, Vol. 1: *Continental Plans for European Union 1939-1945*. Berlin: W. de Gruyter, 1985.

【二次文献】

日本語

芦田均、岩淵辰雄、鈴木安蔵、三宅清輝「座談会 憲法は二週間で出来たか？」『改造』第三三巻第六号（一九五二年)、一三一―三二。

荒畑寒村『寒村自伝』下巻、岩波書店、一九七五年。

家永三郎『歴史のなかの憲法』上巻、東京大学出版会、一九七七年。

石河康国『マルクスを日本で育てた人――評伝・山川均I』社会評論社、二〇一四年。

石田憲「イタリアのアフリカにおける植民地との比較から」国立歴史民俗博物館編『「韓国併合」一〇〇年を問う――二〇一〇年国際シンポジウム』岩波書店、二〇一一年、二五三―二六二頁。

石田憲『敗戦から憲法へ――日独伊 憲法制定の比較政治史』岩波書店、二〇〇九年。

石田憲「丸山眞男とレンツォ・デ・フェリーチェ――二つのファシズム論」小林正弥編『丸山眞男論――主体的行為、ファシズム、市民社会』東京大学出版会、二〇〇三年、一四五―一七五頁。

伊藤悟『政・官・識者の語る戦後構想』東出版、一九九五年。

伊藤昭一郎「「憲法的妥協」から「憲法的凍結」へ――イタリア共和国憲法の制定過程における政治制度の一つの問題」『法学史林』第八二巻第一号(一九八四年)、一―四九。

入江俊郎『憲法成立の経緯と憲法上の諸問題――入江俊郎論集』第一法規出版、一九八六年。

岩淵辰雄『岩淵辰雄選集 第三巻 戦後日本政治への直言』青友社、一九六七年。

シドニ並びにビアトリス・ウェッブ『大英社会主義国の構成』丸岡重堯訳、同人社書店、一九二五年。

遠藤公嗣『日本占領と労資関係政策の成立』東京大学出版会、一九八九年。

大石眞『日本憲法史 第二版』有斐閣、二〇〇五年。

大内兵衛「オールド・リベラリストの形成――高野岩三郎の一生」『中央公論』第六四巻第七号(一九四九年)、三一―三七。

大内兵衛『経済学五十年』上、東京大学出版会、一九五九年。

大内兵衛、森戸辰男対談「霊前にて今は亡き恩師を偲ぶ」『放送文化』第四巻第四号（一九四九年）、五一―五二。

大河内一男・渡辺徹監修『総同盟五十年史』第一巻、総同盟五十年史刊行委員会、一九六四年。

大島清『高野岩三郎伝』大内兵衛、森戸辰男、久留間鮫造監修、岩波書店、一九六八年。

大原社会問題研究所「高野岩三郎先生追憶会の記」『経済志林』第一九巻第二号（一九五一年）、九三―九七。

大原社会問題研究所、高野岩三郎日記。URL https://oisr-org.ws.hosei.ac.jp/archives/itakano/diuary（高野日記）

大原社会問題研究所編『日本労働年鑑』第一、二十一集、法政大学出版局、復刻版、一九六七、一九六九年、戦前版、一九二〇、一九四一年。

笠原十九司、伊香俊哉「三光作戦とは何だったのか――「侵略」の証言二」岡部牧夫、荻野富士夫、吉田裕編『中国侵略の証言者たち――「認罪」の記録を読む』岩波新書、二〇一〇年、九五―一三六頁。

片山内閣記録刊行会『片山内閣――片山哲と戦後の政治』片山哲記念財団、一九八〇年。

金子勝「日本国憲法の間接的起草者、鈴木安蔵氏」『立正法学論集』第三九巻第一号（二〇〇五年）、五七―一二五。

兼田麗子『大原孫三郎――善意と戦略の経営者』中央公論新社、二〇一二年。

河上丈太郎「労働運動先駆者としての高野先生」『放送文化』日本放送協会、第四巻第四号（一九四九年）、四九―五〇。

河上丈太郎編著『麻生久伝』麻生久伝刊行委員会、一九五八年。

北原敦『イタリア現代史研究』岩波書店、二〇〇二年。

木戸日記研究会編『木戸幸一関係文書』東京大学出版会、一九六六年。

河野密「高野岩三郎博士と日本の労働運動」『資料室報』一〇八号（一九六五年）、一三―一六。

「高風を偲ぶ――高野岩三郎先生追憶会の記」『法政』第二巻第五号（一九五三年）、一〇―一一。

古関彰一『日本国憲法の誕生』岩波現代文庫、二〇〇九年。

シモーナ・コラリーツィ『イタリア20世紀史――熱狂と恐怖と希望の100年』村上信一郎監訳、橋本勝雄訳、名古屋大学出版会、二〇一〇年。

堺慎介「行動主義者達のレジスタンス――行動党の結成をめぐって」『摂南法学』二〇号（一九九八年）、一―一六。

堺慎介「反ファシズム蜂起への道――エミリオ・ルッスの人と思想」『阪大法学』一三三・一三四号（一九八五年）、一九七―二一六。

笹川孝一「戦後社会教育実践史研究（その二）――第二次大戦後の社会教育実践史における庶民大学三島教室の意義」『人文学報』一八四号（一九八六年）、五三―一一三。

佐藤達夫『日本国憲法成立史』第一巻、有斐閣、一九六二年。

塩田純『9条誕生――平和国家はこうして生まれた』岩波書店、二〇一八年。

幣原喜重郎「二八会をめぐる高野君の追憶」『放送文化』第四巻第四号（一九四九年）、四七―四八。

鈴来一成「〈オッソラ共和国〉の光と影――イタリアにおける一パルチザン解放区始末記」『SPAZIO』第二〇巻第一号（一九八九年）、一九―三三。

鈴木文治『労働運動二十年』一元社、一九三一年。

鈴木安蔵「憲法改正の根本論点」『新生』第一巻第二号（一九四五年）、二三―二五。

鈴木安蔵『憲法学三〇年』評論社、一九六七年。

鈴木安蔵「憲法研究会の憲法草案起草および憲法制定議会提唱」『愛知大学法学部法経論集』第二八号（一九五九年）、一七七―二〇四。

鈴木安蔵『憲法制定前後――新憲法をめぐる激動期の記録』青木書店、一九七七年。

鈴木安蔵「左派民権論について――主として植木枝盛について」『唯物論研究』第五四号（一九三七年）、一四一―一四九。

鈴木安蔵「既に実質的な変更――憲法制定と高野博士」『法政』第二巻第五号（一九五三年）、二―三。

鈴木安蔵「日本国憲法制定の基本論点」『愛知大学法経論集』第八二号（一九七六年）、一―二八。

高野岩三郎『かっぱの屁――遺稿集』鈴木鴻一郎編、法政大学出版局、一九五一年。

高野岩三郎「職工組合に就て」『資料室報』第一四五号（一八九六年）、二〇―二九。

高野岩三郎「私の目標」『放送文化』第一巻八・九月号（一九四六年）、八―一一。

高野カロリナ、熊谷ユリ「在りし日の良人を語る　父を語る」『放送文化』第四巻第四号（一九四九年）、五三―五五。

高野房太郎「日本における労働運動」『資料室報』一四五号（一九六八年）、二―一一。

高橋利安「「労働に基礎を置く民主共和国」についての一考察（一）――イタリア共和国憲法第一条第一項の成立過程を中心として」『早稲田大学大学院 法研論集』第三六号（一九八五年）、二一一―二三四。

高橋彦博「憲法理念から憲法政策へ――高野岩三郎「共和国憲法私案」の再検討」『社会労働研究』第四三巻第三・四号（一九九七年）、一一七―一五〇。

高橋彦博『日本の社会民主主義政党』法政大学出版局、一九七七年。

高橋彦博「「森戸事件」前後――社会運動史における知的脈絡」『社会労働研究』第四〇巻第三・四号（一九九四年）、三七―八二。

竹内好『竹内好評論集 第三巻――新編 日本とアジア』筑摩書房、一九六六年。

竹前栄治『戦後労働改革』東京大学出版会、一九八二年。

辰野隆『青春回顧』酣灯社、一九四七年。

田中英夫『憲法制定過程覚え書』有斐閣、一九七九年。

田中英夫「憲法制定をめぐる二つの法文化の衝突」坂本義和／R・E・ウォード編『日本占領の研究』東京大学出版会、一九八七年、九七―一三一頁。

棚橋小虎『小虎が駆ける――草創期の労働運動家棚橋小虎自伝』毎日新聞社、一九九九年。

豊下楢彦『日本占領管理体制の確立』岩波書店、一九九二年。

中橋徳五郎翁伝記編纂会編『中橋徳五郎』下巻、中橋徳五郎翁伝記編纂会、一九四四年。

西尾末広『大衆と共に――私の半生の記録』日本労働協会、一九七一年。

日本放送協会編『日本放送史』上巻、日本放送出版協会、一九六五年。

長谷川正安『昭和憲法史』岩波書店、一九六一年。

花見朔巳編『男爵山川先生伝』故男爵山川先生記念会、一九三九年。

原奎一郎編『原敬日記』第八巻、乾元社、一九五〇年。

原秀成「大正デモクラシーと明治文化研究会――日本国憲法をうんだ言論の力」『日本研究』第二一集（二〇〇〇年）、二一三―二五二。

原秀成『日本国憲法制定の系譜 Ⅲ――戦後日本で』日本評論社、二〇〇六年。

姫田光義、陳平『もうひとつの三光作戦』丸田孝志訳、青木書店、一九八九年。

古垣鉄郎「祭文」『放送文化』第四巻第四号（一九四九年）、四六―四七。

ブレンターノ『労働者問題』森戸辰男訳、岩波書店、一九一九年。

法政大学大原社会問題研究所編『大原社会問題研究所五十年史』法政大学出版局、一九七一年。

ノルベルト・ボッビオ『イタリア・イデオロギー』馬場康雄、押場靖志訳、未來社、一九九三年。

ノルベルト・ボッビオ『右と左――政治的区別の理由と意味』片桐薫、片桐圭子訳、御茶の水書房、一九九八年。
松沢弘陽、植手通有編『丸山眞男回顧談』上下、岩波書店、二〇〇六年。（回顧）
丸山眞男『自己内対話――3冊のノートから』みすず書房、一九九八年。（自己内対話）
丸山眞男『自由について――七つの問答』編集グループ〈ＳＵＲＥ〉、二〇〇五年。
『丸山眞男講義録』全七冊、東京大学出版会、一九九八―二〇〇〇年。（講義）
『丸山眞男座談』全九巻、岩波書店、一九九八年。（座談）
『丸山眞男集』全十六巻・別巻、岩波書店、一九九六―一九九七年。（集）
『丸山眞男書簡集』全五巻、みすず書房、二〇〇三―二〇〇四年。（書簡）
丸山眞男手帖の会編『丸山眞男話文集』みすず書房、二〇〇八―二〇〇九年。（話文）
三宅正一『激動期の日本社会運動史――賀川豊彦・麻生久・浅沼稲次郎の軌跡』現代評論社、一九七三年。
三輪寿壮「高野岩三郎論」『解放』一九二二年五月号所収、再録『民主社会主義』第五五号（一九五七年）、二一一―二一四。
村上信一郎「トリノの憂鬱――晩年のボッビオ教授」『神戸外大論叢』第六二巻第一号（二〇一一年）、一―三〇。
室伏高信『戦争私書』中公文庫、一九九〇年。
森戸辰男『思想の遍歴 上 クロポトキン事件前後』春秋社、一九七二年。
森戸辰男『思想の遍歴 下 社会科学者の使命と運命』春秋社、一九七五年。
八十田博人「ヴェントテーネからマーストリヒトへ――イタリア世俗勢力の欧州ヴィジョン」『創文』四五一号（二〇〇三年）、一七―二一。
吉田千代『評伝鈴木文治――民主的労資関係をめざして』日本経済評論社、一九八八年。
プリーモ・レーヴィ『プリーモ・レーヴィは語る――言葉・記憶・希望』マルコ・ベルポリーティ編、多木陽介訳、青土社、二〇〇二年。

ジョルジョ・ロシャ「一九三五―三六年のエチオピア戦争における毒ガスの使用」アンジェロ・デル・ボカ編著『ムッソリーニの毒ガス――植民地戦争におけるイタリアの化学戦』高橋武智監修、大月書店、二〇〇〇年、六四―六六頁。

我妻栄「知られざる憲法討議――制定時における東京帝国大学憲法研究委員会報告書をめぐって」憲法問題研究会編『憲法と私たち』岩波新書、一九六三年、二六―七三頁。

外国語

Agosti, Aldo. "Introduzione." *La coerenza della ragione: Per una biografia politica di Umberto Terracini*. A cura di Aldo Agosti. Roma: Carocci, 1998, pp. 9-15.
Agosti, Aldo (A cura di). *La coerenza della ragione: Per una biografia politica di Umberto Terracini*. Roma: Carocci, 1998.
Agosti, Aldo *et al. Umberto Terracini nella storia contemporanea*. Alessandria: Edizioni dell'Orso, 1987.
Amyot, Grant. *The Italian Communist Party: The Crisis of the Popular Front Strategy*. New York: St. Martin's Press, 1981.
Antonetti, Nicola. De Siervo, Ugo. Malgeri, Francesco (A cura di). *I cattolici democratici e la Costituzione*, tomo I. Bologna: Il Mulino, 1998.
Baldissara, Luca. "Tra governo e opposizione. Il ruolo del PCI nella costruzione della democrazia in Italia." *Il PCI nell'Italia repubblicana, 1943-1991*. A cura di Roberto Gualtieri. Roma: Carocci, 2001, pp. 141-178.
Balduzzi, Renato. "Un comunista del dialogo alla Costituente." *Umberto Terracini nella storia contemporanea*. Aldo Agosti *et al.* Alessandria: Edizioni dell'Orso, 1987, pp. 111-116.
Bandi, Carlo. *Partito d'Azione e Socialismo*. s. l., 1943.

Barbagallo, Francesco. "Terracini, comunista antistalinista, alla Constituente e al Senato." *La coerenza della ragione: Per una biografia politica di Umberto Terracini*. A cura di Aldo Agosti. Roma: Carocci, 1998, pp. 133-142.

Barenghi, Mario. *Perché crediamo a Primo Levi?* Torino: Einaudi, 2013.

Barile, Paolo. "La nascita della Costituzione: Piero Calamandrei e le libertà." *Scelte della costituente e cultura giuridica*, tomo II: *Protagonisti e momenti del dibattito costituzionale*. A cura di Ugo De Siervo. Bologna: Il Mulino, 1980, pp. 15-58.

Barucci, Piero. "Il dibattito sulla politica economica della ricostruzione (1943-47)." *L'Italia dalla liberazione alla Repubblica*. Milano: Feltrinelli, 1977, pp. 391-411.

Beltrami, Michele. *Il governo dell'Ossola partigiana*. Con una testimonianza inedita di Umberto Terracini. Roma: Sapere 2000, 1994.

Bergwitz, Hubertus. *Una libera repubblica nell'Ossola partigiana*. Milano: Feltrinelli, 1979.

Bertelli, Sergio. *Il gruppo: La formazione del gruppo dirigente del Pci 1936-1948*. Milano: Rizzoli, 1980.

Bobbio, Norberto. *Autobiografia*. A cura di Alberto Papuzzi. Roma-Bari: Laterza, 1997.

Bocca, Giorgio. *Una repubblica partigiana: Ossola 10 settembre - 23 ottobre 1944*. Milano: Il Saggiatore, 2005.

Calamandrei, Piero. "La Costituzione e le leggi per attuarla." *Dieci anni dopo 1945-1955: Saggi sulla vita democratica italiana*. A. Battaglia, *et al.* Bari: Laterza, 1955, pp. 209-316.

Cinanni, Paolo. *Lotte per la terra e comunisti in Calabria (1943-1953): Terre pubbliche e Mezzogiorno*. Prefazione di Umberto Terracini; considerazioni storico-giuridiche di Guido Cervati. Milano: Feltrinelli, 1977.

Coletta, Stefania, ''La Formazione di Terracini: la famiglia, i primi anni di lotte, l'''Ordine Nuovo.'' *La coerenza della ragione: Per una biografia politica di Umberto Terracini*. A cura di Aldo Agosti. Roma: Carocci, 1998, pp. 17-59.

Collotti, Enzo (A cura di). *Dizionario della resistenza: Luoghi, formazioni, protagonisti*. Torino: Einaudi, 2001.

Colombo, Paolo. *La monarchia fascista, 1922-1940*. Bologna: Il Mulino, 2010.

Croce, Benedetto. *Scritti e discorsi politici (1943-1947)*, vol. 1. Napoli: Bibliopolis, 1993.

D'Alessandro, Leonardo Pompeo. *Umberto Terracini nel "partito nuovo" di Togliatti*. Roma: Aracne, 2012.

D'Alessio, Gianfranco (A cura di). *Alle origini della Costituzione italiana: I lavori preparatori della "Commissione per studi attinenti alla riorganizzazione dello Stato"*. Bologna: Il Mulino, 1969.

De Gasperi, Maria Romana (A cura di). *De Gasperi scrive: Corrispondenza con capi di Stato, cardinali, uomini politici, giornalisti, diplomatici*. 2. ed. Brescia: Morcelliana, 1981.

De Grand, Alexander J. *In Stalin's Shadow: Angelo Tasca and the Crisis of the Left in Italy and France, 1910-1945*. Dekalb: Northern Illinois University Press, 1986.

Del Boca, Angelo (A cura di). *Le guerre coloniali del fascismo*. Roma-Bari: Laterza, 1991.

Del Pont, Adriano. "Un antifascista militante." *Umberto Terracini nella storia contemporanea*. Aldo Agosti *et al.* Alessandria: Edizioni dell'Orso, 1987, pp. 97-102.

De Siervo, Ugo (A cura di). *Scelte della costituente e cultura giuridica,* tomo II: *Protagonisti e momenti del dibattito costituzionale.* Bologna: II Mulino, 1980.

D'Orazio, Giustino. *La genesi della Corte Costituzionale*. Milano: Edizioni di Comunità, 1989.

Ferratini Tosi, Francesca. Grassi, Gaetano. Legnanti, Massimo (A cura di). *L'Italia nella seconda guerra mondiale e nella resistenza.* Milano: Angeli, 1988.

Fini, Marco *et al.* (A cura di). *Guerriglia nell'Ossola: Diari, documenti, testimonianze garibaldini*. Prefazione di Aldo Aniasi. Milano: Feltrinelli, 1975.

Fiori, Giuseppe. *Vita di Antonio Gramsci*. Roma: Laterza, 1966.

Fortini, Franco. *La Repubblica dell'Ossola Settembre Ottobre 1944*. Domodossola, Antonioli, 1959.

Gambino, Antonio. *Storia del dopoguerra: Dalla liberazione al potere DC*. Roma-Bari: Laterza, 1975.

Gianotti, Lorenzo. *Umberto Terracini: La passione civile di un padre della Repubblica*. Roma: Riuniti, 2005.

Ginsborg, Paul. *A History of Contemporary Italy 1943-1980: Society and Politics 1943-1988*. London: Penguin Books, 1990.

Giorgi, Chiara. *La sinistra alla Costituente : per una storia del dibattito istituzionale*. Roma: Carocci, 2001.

Gobetti, Piero. *Scritti politici*. A cura di Paolo Spriano. Torino: Einaudi, 1960.

Gozzini, Giovanni. Martinelli, Renzo. *Storia del Partito comunista italiano: Dall'attentato a Togliatti all'VIII congresso*. Torino: Giulio Einaudi, 1998.

Gualtieri, Roberto (A cura di). *Il PCI nell'Italia repubblicana, 1943-1991*. Roma: Carocci, 2001.

Jacometti, Alberto. *Ventotene*. Mondadori: Milano, 1946.

Jerary, Muhammad T. "Damages Caused by the Italian Fascist Colonization of Libya." *Italian Colonialism*. Ed. Ruth Ben-Ghiat and Mia Fuller. New York: Palgrave Macmillan, 2005, pp. 203-208.

Labanca, Nicola. "L'Impero del fascismo. Lo stato degli studi." *L'Impero fascista: Italia ed Etiopia (1935-1941)*. A cura di Riccardo Bottoni. Bologna: Il Mulino, 2008, pp. 35-61.

Lajolo, Laurana. *Gramsci, un uomo sconfitto*. Prefazione di Umberto Terracini. Milano: Rizzoli, 1980.

Lanaro, Silvio. *Storia dell'Italia Repubblicana : dalla fine della guerra agli anni novanta*. Venezia: Marsilio, 1992.

Laroui, A. "African initiatives and resistance in North Africa and the Sahara." *General History of Africa*, VII: *Africa under Colonial Domination 1880-1935*. Ed. A. Adu Boahen. Paris: UNESCO, 1985, pp. 87-113.

Leonetti, Alfonso. "Umberto Terracini: Una vita al servizio della libertà, della giustizia e dell'emancipazione del lavoro." *L'antifascista*. No. 1 (1984), 5-9.

Lisa, Athos. *Memorie: Dall'ergastolo di Santo Stefano alla Casa penale di Turi di Bari*. Prefazione di Umberto Terracini. Milano: Feltrinelli, 1973.

Livorsi, Franco. "Umberto Terracini e i comunisti negli anni del Patto Molotov-Ribbentrop." *Umberto Terracini nella storia contemporanea*. Aldo Agosti *et al.* Alessandria: Edizioni dell'Orso, 1987, pp. 55-62.

Mack Smith, Denis. *Italy and its Monarchy*. New Haven and London: Yale University Press, 1989.

Mafai, Miriam. *L'uomo che sognava la lotta armata. La storia di Pietro Secchia*. Milano: Rizzoli, 1984.

Malandrino, Corrado. "Umberto Terracini alla Costituente: La questione delle autonomie regionali." *Umberto Terracini nella storia contemporanea*. Aldo Agosti *et al.* Alessandria: Edizioni dell'Orso, 1987, pp. 63-75.

Malgeri, Francesco. "Il contesto politico." *I cattolici democratici e la Costituzione*, tomo I. A cura di Nicola Antonetti, Ugo De Siervo e Francesco Malgeri. Bologna: Il Mulino, 1998, pp. 21-107.

Martinelli, Renzo. *Storia del Partito comunista italiano*, vol. VI: Il "*partito nuovo" dalla Liberazione al 18 aprile*. Torino: Einaudi, 1995.

Martinelli, Renzo. Righi, Maria Luisa (A cura di). *La politica del partito comunista italiano nel periodo costituente: I verbali della direzione tra il V e il VI Congresso, 1946-1948*. Roma: Riuniti, 1992.

Merlini, Stefano. "Umberto Terracini." *Quaderni costituzionali*. Anno 7, No. 3 (1987), 571-599.

Mussolini, Benito. *Opera Omnia*, vol. XI e XII. A cura di Edoardo e Duilio Susmel. Firenze: La Fenice, 1953.

Natoli, Claudio. *La Terza Internazionale e il fascismo, 1919-1923: Proletariato di fabbrica e reazione industriale nel primo dopoguerra*. Roma: Riuniti, 1982.

Nistico, Gabriella (A cura di). *Le brigate Garibaldi nella resistenza: Documenti*, vol. II: *Giugno-Novembre 1944*. Milano : Feltrinelli, 1979.

Pajetta, Gian Carlo. "Cosa dobbiamo a Terracini." *L'Unita*. 7 dicembre 1983.

Pajetta, Gian Carlo. *Le crisi che ho vissuto. Budapest Praga Varsavia*. Roma: Riuniti, 1990.

Paolucci, Vittorio. *La Repubblica sociale italiana e il Partito fascista repubblicano, settembre 1943 marzo '44*. Urbino: Argalia, 1979.

Partito comunista italiano. Congresso nazionale (A cura di). *VIII Congresso del Partito comunista italiano: atti e risoluzioni: [Roma, 22-26 giugno 1956]*. Roma: Riuniti, 1957.

Pavone, Claudio. "Tre governi e due occupazioni," in *L'Italia nella seconda guerra mondiale e nella resistenza*. A cura di Francesca Ferratini Tosi, Gaetano Grassi, Massimo Legnanti. Milano: Angeli, 1988, pp. 423-452.

Pillon, Cesare. *I comunisti e il sindacato*. Prefazione di Umberto Terracini. Milano: Palazzi Editore, 1972.

Pons, Silvio. *Dagli archivi di Mosca: L'URSS, il Cominform e il PCI (1943-1951)*. A cura di Francesca Gori e Silvio Pons. Roma: Carroci, 1998.

Quazza, Guido. "Continuità e rottura nella politica coloniale da Mancini a Mussolini." *Le guerre coloniali del fascismo*. A cura di Angelo Del Boca. Roma-Bari: Laterza, 1991, pp. 5-30.

Ragionieri, Ernesto. *Palmiro Togliatti: Per una biografia politica e intellettuale*. Roma: Riuniti, 1976.

Ravera, Camilla. *Diario di trent'anni 1913-1943*. Roma: Riuniti, 1973.

Ravera, Camilla. "Il mio amico Terracini." *Umberto Terracini nella storia contemporanea*. Aldo Agosti *et al*. Alessandria: Edizioni dell'Orso, 1987, pp. 117-122.

Saracini, Eugenio. *Breve storia degli ebrei e dell'antisemitismo*. Introduzione di Umberto Terracini. Milano: Mondadori, 1979.

Sbacchi, Alberto. *Il colonialismo italiano in Etiopia, 1936-1940*. Milano: Mursia, 1980.

Secchia, Pietro. "Il Partito comunista italiano e la guerra di Liberazione 1943-1945: Ricordi, documenti inediti e testimonianze." *Annali Istituto Giangiacomo Feltrinelli*. Anno 13 (1971), 194-198.

Somai, Giovanni. *Gramsci a Vienna: Ricerche e documenti, 1922-1924*. Urbino: Argalia, 1979.

Spagnoli, Ugo. "Partecipazione populare e società civile nel pensiero e nell'opera di Umberto Terracini Costituente e nel disbattito odiern." *La coerenza della ragione: Per una biografia politica di Umberto Terracini*. A cura di Aldo Agosti. Roma: Carocci, 1998, pp. 143-159.

Spinelli, Altiero. "European Union in the Resistance." *Government and Opposition*, Vol. 2, No. 3 (1967), 321-329.

Spriano, Paolo. *Storia del Partito comunista italiano*, vol. I: *Da Bordiga a Gramsci*. Torino: Einaudi, 1972.

Spriano, Paolo. *Storia del Partito comunista italiano*, vol. II: *Gli anni della clandestinità*. Torino: Einaudi, 1969.

Spriano, Paolo. *Storia del Partito comunista italiano*, vol. III: *I fronti popolari, Stalin, la guerra*. Torino: Einaudi, 1970.

Spriano, Paolo. *Storia del Partito comunista italiano*, vol. V: *La resistenza. Togliatti e il partito nuovo*. Torino: Einaudi, 1975.

Tasca, Angelo. *I primi dieci anni del Pci*. Roma: Laterza, 1971.

Terracini, Umberto. *Al bando dal Partito: Carteggio clandestino dall'Isola e dall'esilio, 1938-45*. A cura di Alessandro Coletti. Milano: La Pietra, 1976

Terracini, Umberto. *Come nacque la Costituzione*. Intervista di Pasquale Balsamo. 2. ed. Roma: Riuniti, 1997.

Terracini, Umberto. "Intervista." *L'Ordine nuovo*. 25 gennaio 1921.

Terracini, Umberto. *Intervista sul comunismo difficile*. A cura di Arturo Gismondi. Roma: Laterza, 1978.

Terracini, Umberto. *La riforma dello Stato: Atti del Convegno promosso dall'Istituto Gramsci, Roma, 16-18 gennaio 1968*. Roma: Riuniti, 1968.

Terracini, Umberto. "Le tendenze nell' Internazionale." *L'Unita*. 29 Luglio 1925.

Terracini, Umberto. *Quando diventammo comunisti: Conversazione con Umberto Terracini tra cronaca e storia*. A cura di Mario Pendinelli; prefazione di Davide Lajolo. Milano: Rizzoli, 1981.

Terracini, Umberto. *Sulla svolta: Carteggio clandestino dal carcere, 1930-31-32*. A cura di Alessandro Coletti. Milano: La Pietra, 1975.

Togliatti, Palmiro. *La formazione del gruppo dirigente del PCI nel 1923-24*. Roma: Riuniti, 1962. (Togliatti, *La formazione*)

Togliatti, Palmiro. *Opere*, vol. 5: *1944-1955*. A cura di Ernesto Ragionieri. Roma: Riuniti, 1984.

Tonelli, Anna. *Gli irregolari: Amori comunisti al tempo della Guerra fredda*. Roma-Bari: Laterza, 2014.

Treu, Tiziano. "La Costituzione e il ruolo del movimento sindacale." *Italia 1945-1975: Fascismo antifascismo, resistenza, rinnovamento*. A cura di Marco Fini. Milano: Feltrinelli, 1975, pp. 499-517.

Webb, Sidney and Beatrice. *A Constitution for the Socialsist Commonwealth of Great Britain*. London: Longman, 1920.

Zorini, Francesco Omodeo. "Terracini dalla liberazione dal confino alla 'repubblica dell'Ossola'." *La coerenza della ragione: Per una biografia politica di Umberto Terracini*. A cura di Aldo Agosti. Roma: Carocci, 1998, pp. 109-131.

あとがき

本書を上梓する若干の価値があるかと考え始めたのは、昨今の研究者間にも広がっている「憲法改正論争」の動向からかも知れない。戦後憲法自体には直接ふれないまま、唐突に「思いつき」の護憲派批判を展開したり、国際政治や安全保障などの「専門家」が状況の変化を理由に道具・便宜主義的な憲法改正論を主張するような場面に度々遭遇する。それらの論旨にはしばしば、本書で考察してきた歴史や比較の視点が欠けているという以上に、すぐ役立つ「処方箋」を求める傾向が垣間見える。「憲法を作る・変える」ことの本質について論じないまま、単に「硬直した憲法学者」や「理想しか見ない平和主義者」をスケープゴートにして非難する状態に陥っているのではないかと懸念してしまう。

また、この一〇年ほどメディアの言説で目につくことは、枕詞のように「自分は左でも右でもない」、「イデオロギー的に中立」といった前振りを入れてから、ようやく何かを語り始める傾向である。「偏っていない」という意味が「色のついていない」と同様に使われ、あたかも「中立性」が一切の立場を表明しない無色透明性を表わしているように解釈されている。憲法論議についても、「政治的」として忌避される流れが強まり（公共施設の利用規制など）、「改正」は憲法に規定されている以上、もっと「第三者」の立場から「冷静に」検討されるべきであるという「非当事者」的な言葉遣いが流布している。本書で論じてきたように、社会的問題と対峙すれば、どのような立場を選択しても、それは政治的にならざるを得ず、その姿勢が一方的、党派的性格を帯びないためには、自らの選択を自覚して相対的に位置づけ直すことが、恐らく唯一の客観的態度のはずである。

冒頭で述べたような「憲法学者」、「平和主義者」バッシングも、批判している側は、多くの場合、「偏向していない」立場から「現実に即した」発言と信じている場合もあろう。しかし、批判されている側のみが「政治的」あるいは「ナイーヴ」であるはずもなく、中立性神話はそもそも成立しにくい。無論、本書もふくめ研究を旨とする限り、事実の裏づけに基づく実証から客観性を担保する努力は不可欠である。こうした意味でも、ほぼ一世紀前から始まっていた現憲法へと連なっていく政治・社会的思想・運動の中身を伝えるという地味な作業は無駄ではなかろう。各主体が目指した具体的な方向性を分析することは、今日の評価基準、状況認識を相対化するだけでなく、普遍的な見通しを希求していく端緒となるからである。

本書に登場した高野岩三郎、ウンベルト・テッラチーニ、丸山眞男そして「正義と自由」運動に参加した知識人たちは、いずれも自ら独立した主体として政治的選択を行ない、なお異なる意見にも耳を傾けつつ、相互に批判も積み重ねながら社会の変革へと向かった。しかも多様なネットワークと連携しながら、理性的な討議を続けた人々は、その提言が実現されなかった場合でも、多くの示唆を今日の課題に与えている。そこには、「中立客観的な第三者機関」に決定を委ねてしまう「お任せ民主主義」とは違う、主体的個人の参加に基づく公正で平等な原理が志向されていた。たしかに、昨今脚光を浴びているポピュリズムは選挙結果が寛容な社会に行きつかない可能性も示しているが、本書の対象とした時代は、権力に対する抑制機能を失った政治体制がいかに危険な袋小路へとたどりつくか、という日伊両国の最も極端な例を我々につきつけている。

筆者は約一〇年前に『敗戦から憲法へ――日独伊　憲法制定の比較政治史』（岩波書店、二〇〇九年）を公刊した後、その執筆過程で関心を抱いた「憲法を作った人々」について、少しずつ研究を続けていた。ファシストのことばかり三〇年以上考え続けてきた者にとって、初めてシンパシーを抱ける対象に遭遇した感がある。それでも、日伊両国で忘れられた存在であった高野とテッラチーニに関しては、本論で記してきたように憲法の条文を直接起草した中核的存在でもなかったため、当初は手さぐりで調べていた。しかし、両者の国内・国際的連帯や包容力を伴う志操堅固さといった共通点は、日伊両国の相違点以上に魅力的で、憲法への積極的関わりから広義の「憲法を作った人々」と捉えられると確信するに至った。彼らは周辺に位置づけられてきたが故に、かえって多くの問題を示唆できたともいえよう。また、彼ら個人に留まらず、多彩なネットワークに見る当時の時代状況は、新鮮な知的刺激ともなり得た。そして、悲惨な戦争への道を歩む抑圧的な政治体制に対する飽くなき抵抗の潔さは、戦後の解放と対になり、強烈な印象を与えてくれる。こうして丸山と「正義と自由」グループもふくめ、憲法と民主主義の問題は、筆者にとって重要な研究の一角をなしてきた。

さりながら、以上のような広い意味で憲法を作り、民主主義と連動させる形で政治的発展を模索した人々の行動と似て非なる現象が、近年ますます見られるようになってきている。自覚的な参加や寛容な公的議論が単なる過去のエピソードとして忘却の彼方に押しやられないためにも、戦後における新しい民主主義の追求へとつながっていく多様な見方を紹介するのが、本書の細やかな目的といえよう。ただ、憲法を自らの政治嗜好を反映させる道具として扱う今日的傾向と一線を画すべく、あえて本書は過去の憲法形成過程を現在の議論と安易に結びつけず、第六章もやや迂遠を承知で抽象度を高めた議論に終始した。このような研究者の高踏的態度が昨今の憲法状況を招いたと考えるか、個別歴史的現実と時代、地域を超えた普遍的理想の織りなす緊張感覚がなくなりつつある現状こそが問題の根源にあると憂うべきなのか、悩ましいところである。本論で指摘した思想・行動上の内容はとりたてて独創性を示すものではなく、筆者から見るとその多くが極めて常識的な議論にも思えるが、むしろ近年の問題は、これらがコモン・センスとして成立しにくくなっていること自体にあるのかも知れない。

各章の主な初出は以下の通りであるが、いずれも大幅な加筆修正を行なっており、それぞれの内容が示す独立性の高さを接合し、補うことに努めた。

第二章　日本政治学会共通論題「憲法と政治」報告、二〇一五年一〇月一〇日「歴史と比較に見る憲法と民主主義」。

第三章　「憲法を作った人びと――高野岩三郎を中心として」『千葉大学法学論集』第二九巻第一・二号（二〇一四年）、八五―一一三。

第四章　「民主共和国への孤独な伴走者――ウンベルト・テッラチーニと憲法の系譜」『千葉大学法学論集』第三〇巻第一・二号（二〇一五年）、一一五―一五七。

第五章　「丸山眞男――イタリアとの比較に見るラディカル・デモクラット像」趙景達、原田敬一、村田雄二郎、安田常雄編『講座 東アジアの知識人 第五巻――さまざまな戦後 日本敗戦～一九五〇年代』（有志舎、二〇一四年）、八八―一〇五頁。

日伊英三国を中心とする文書館調査、そうした研究を可能にしてくれた千葉大学の恵まれた環境がなければ、本書がまがりなりの形を整えることは難しかった。また、外国旅行が苦手（とは誰も信じてくれないが）かつ、様々なことについて詳細な詰めの甘い筆者に対して、多くの友人たちが救いの手を差し伸べ続けてくれていることに謝意を表したい。（以下、姓のアルファベット順）安達亜紀、パトリツィア・ベルトレッティ、アントニー・ベスト、リンダ・ジェルミ、村瀬啓、小野坂元、押尾高志、アンドレア・サバ、末益智広、鳥羽厚郎、パトリツィア・トダーロ。

また、現在の憲法論議に直接踏み込まないという筆者の頑迷な姿勢にも拘わらず、刊行の労を惜しまなかった有志舎の永滝稔さんに心より感謝申し上げたい。政治史的アプローチという現在では必ずしも流行らなくなってきた方法を墨守した点もふくめ、すべての内容に関する責任は筆者にあるが、温故知新の意味は戦後憲法と民主主義の行方という点で、まさに問われ続けていると考えられる。「戦後憲法を作った人々」が自由と平等に根ざした平和な社会を倦まず弛まず思い描き続けたように、本書がそうした試みを伝える一助となれば幸いである。

二〇一八年一二月

石田　憲

索　引

〈事　項〉（民主主義、デモクラシーは頻出するため省略）

ア　行

カ　行

サ　行

タ　行

ナ　行

ハ　行

マ　行

ヤ　行

ラ　行

〈人　名〉

ア　行

カ　行

サ　行

タ　行

ナ　行

ハ　行

著者紹介
石田　憲（いしだ　けん）
国際基督教大学教養学部卒業
東京大学大学院法学政治学研究科博士課程単位取得満期退学、博士（法学）
大阪市立大学法学部助教授を経て、
現在、千葉大学大学院社会科学研究院教授
［主要業績］
『地中海新ローマ帝国への道——ファシスト・イタリアの対外政策 1935-39』（東京大学出版会、1994 年）
『膨張する帝国 拡散する帝国——第二次世界大戦に向かう日英とアジア』（編著、東京大学出版会、2007 年）
『敗戦から憲法へ——日独伊 憲法制定の比較政治史』（岩波書店、2009 年）
『ファシストの戦争——世界史的文脈で読むエチオピア戦争』（千倉書房、2011 年）
『日独伊三国同盟の起源——イタリア・日本から見た枢軸外交』（講談社選書メチエ、2013 年）
Japan, Italy and the Road to the Tripartite Alliance (Palgrave Macmillan, 2018)

戦後憲法を作った人々
——日本とイタリアにおけるラディカルな民主主義——

2019 年 2 月 28 日　第 1 刷発行

著　者　石田　憲
発行者　永滝　稔
発行所　有限会社　有　志　舎
〒 166-0003　東京都杉並区高円寺南 4-19-2
クラブハウスビル 1 階
電話　03 (5929) 7350　FAX　03 (5929) 7352
http://yushisha.sakura.ne.jp
DTP　言海書房
装　幀　古川文夫
印　刷　中央精版印刷株式会社
製　本　中央精版印刷株式会社

ISBN978-4-908672-28-6